会计专业教学理论研究

魏 海 著

吉林摄影出版社
·长春·

图书在版编目（CIP）数据

会计专业教学理论研究 / 魏海著. -- 长春 : 吉林摄影出版社, 2023.12

ISBN 978-7-5498-6140-8

I. ①会… II. ①魏… III. ①会计学－教学研究－高等学校 IV. ①F230

中国国家版本馆CIP数据核字(2024)第014461号

会计专业教学理论研究

KUAIJI ZHUANYE JIAOXUE LILUN YANJIU

作　　者　魏　海
出 版 人　车　强
责任编辑　金　怡　贺子刚
封面设计　周书意
开　　本　710mm × 1000mm　1/16
字　　数　220千字
印　　张　14
版　　次　2023年12月第1版
印　　次　2024年1月第1次印刷

出　　版　吉林摄影出版社
发　　行　吉林摄影出版社
地　　址　长春市净月高新技术开发区福祉大路5788号
　　　　　邮编：130118
网　　址　www.jlsycbs.net
电　　话　总编办：0431-81629821
　　　　　发行科：0431-81629829
印　　刷　北京昌联印刷有限公司

ISBN 978-7-5498-6140-8　　定价：76.00元

版权所有　侵权必究

前　言

计学专业的教学计划在设置课程时，在专业指导委员会的指导下，通过充分进行市场调查和论证，将我们的培养目标定位在应用型本科层次，在保证达到本科教育基本理论要求的基础上，强调实际应用能力的培养，强调课程的标准化和学生的自主学习，强调这些组成部分与专业以及就业所针对的社会职业岗位群之间的关系。课程设置基本上由公共基础模块、学科基础模块、专业核心模块、专业选修模块共同组成。

会计学专业的教学计划在设置课程时，在专业指导委员会的指导下，通过充分进行市场调查和论证，将我们的培养目标定位在应用型本科层次，在保证达到本科教育基本理论要求的基础上，强调实际应用能力的培养，强调课程的标准化和学生的自主学习，强调这些组成部分与专业以及就业所针对的社会职业岗位群之间的关系。课程设置基本上由公共基础模块、学科基础模块、专业核心模块、专业选修模块共同组成。

经过几年的探索，会计学专业已构建起一个层次合理、功能完善并相互融通的实践教学体系。根据应用型人才实践能力培养的要求，结合学科和专业发展及人才培养的新特点，我们对实验教学内容进行了整体规划和优化革新，构建了相对独立而系统的实践教学体系，将各个实践实验教学环节通过合理配置，按照不同的模块、不同的课程（项目）、不同的层次安排独立的实践实验课程，现已形成由课程单项性实验、课程综合性实验、专业综合性实验、专业设计性实验、创新创业设计组成的会计应用型本科人才培养的实验教学项目体系，并形成由基础操作性实验、综合性应用、创新设计型实验所组成的实验教学功能体系。

由于新思想、新方法和新技术在不断的发展之中，书中难免有不足之处，希望读者不吝指正。另外，在本书的编写过程中，参考借鉴了国内外学者的大量研究成果，在此对这些学者表示衷心的感谢。

目　录

第一章　高校会计教学概述

第一节　高校会计教学问题

高等职业教育是我国高等教育的一个重要组成部分，在全国高等教育中占据了近一半的比重。然而，与普通高校相比，高校在培养目标、培养方式、课程体系、教学安排等方面都存在着许多问题，各方面的改革亟待深入推进。

一、高校会计教学中存在的问题

（一）会计人才培养目标定位不准

职业技术教育是培养技能人才的重要手段，是实现理论和实践相结合的一种有效方法。会计专业是一门专业性很强的专业，它对会计专业的能力和职业素养的要求很高，尤其是在经济和社会高速发展的今天，会计专业的要求越来越高。作为一名会计专业的学生，不但要熟练运用现代信息技术、全面掌握财务软件的操作和操作过程，还要具有一定的财务分析能力。当前高校的会计教育目标定位不明确，在会计教学中忽略会计的特点以及实践性、实用性，可能会造成高校会计人才培养与现实需要的脱节的现象。

（二）教学体系与课程设置不科学

一般来说，高职会计专业的课程教学应与实际生产实际相结合，尤其是与实际情况相联系。然而，当前我国高职会计教育内容的补充、更新比较滞后，教学内容不能及时地进行改革和更新。在课程安排上，大部分高校的会计实习课程安排比理论课程的时间安排要少，从而使会计专业的人才培养不能满足现实的需要。

（三）会计专业实训教学不足

对会计专业的学生来说，在培养他们的职业能力和实践经验方面尤为重要。然而，我国高职高专的会计教育中，虽然有财会实训，也有一些专业的主要课程设置了仿真训练基地。但是，在教学实践中，由于学校办学条件、课时安排、教学设施和师资力量等因素的制约，使其教学时间和教学内容与企业的实际需要有一些差异。

（四）教师队伍建设亟待强化

在高职教学中，教师起着至关重要的作用。会计人员的素质与能力是影响会计专业人才培养质量的重要因素。在实施素质教育的今天，会计教学要做到以人为本、以学生为本，即从学生的兴趣、心理状况等方面进行教学。然而，在高校，许多职业教育师资缺乏对企业、事业单位的财务管理工作的经验，缺乏对实际工作的深刻体会，无法按照企业实际需求进行有效的教学，影响符合社会需求的高素质技能型人才的培养。

（五）职业道德培养亟待强化

“会计”是一个行业的典型特征。与其他行业的人才培养相比，会计职业道德建设尤为重要，树立良好的会计职业道德，既能促进会计人员素质的提高，又能有效地防范各类会计伦理风险，降低企业的败德。从当前高职会计专业人才培养的实际情况来看，以课堂教学为主、书本教学为主、忽略学生的主体性、职业道德和职业素养的培养，这可能会影响到会计专业的教学质量和整体素质的提高。

（六）教学考核方式亟待改进

培养高素质、高技能、应用型人才，是高等职业技术人才的终极目标。高职会计教育评价应从质量和技术两个方面进行。但是，从当前高职会计教育评估的实际情况来看，大部分高校的会计教育评估仍然是以期末理论成绩为主要指标，从而对高职教育的教学质量和学生的学习成效进行评估。教学评价缺少对会计实务操作能力的评估，这与当前素质教育时期高职高专的人才培养观念有一定的偏差，这会影响到高职会计专业的培训效果。

二、高校会计教育改革的路径

（一）改进教学理念，创新培养目标

高职会计教育的目标是为企业和企业提供会计应用型人才。随着我国社会主义市场经济体制的逐步完善和会计体制的改革，我国会计人员的用人标准发生了深刻的变革，对会计人员的素质和能力提出了更高的要求。在当今社会，会计人员不仅要有丰富的会计专业知识，而且要有过硬的业务能力。为此，高职高专会计教育应顺应会计职业特点，转变教学观念，切实认识会计实务教学的重要意义，把会计实训教学纳入教材、课堂教学和教学考核体系。只有把教师的领导力和学生的主体性相统一，才能使“教”和“学”相协调，从而达到预期的教学效果。作为一名财会专业的教师，必须在教学中运用行之有效的方法，加强学生的操作能力和思维能力，使其成为符合社会需要的、具有较强的实务操作能力和社会适应性的会计专业人员。

（二）改进教学体系，优化课程体系

加强教材和教学内容建设，主要是根据学校教学条件和社会实际需要，组织编制（或订购）相应的高质量教学，并根据国家政策、社会需要、行业转型趋势，及时更新会计教学内容，一是根据学校教学条件和社会实际需要，组织编制（或订购）相应的高质量教学，并根据国家政策、社会需要、行业转型趋势，及时更新会计教学内容，避免会计教学与实际需求之间的脱节；二是重视课程间的合理搭配和整体的编排，避免课程设置、内容的重复、交叉，提高课程的衔接；三是注重理论知识和基础知识的教学，注重实践知识和专业技能的训练，使理论和实践相结合；四是采取有效的激励措施，鼓励学生积极参与各类职业技能竞赛和社会化竞赛，并对在技术竞赛和社会化考核中表现突出的同学给予适当的表彰和奖励。

（三）创新教学模式，强化实践教学

作为会计专业的会计专业，必须在教学中不断深化教学方法和手段，结合

会计专业特点，坚持以人为本，通过案例教学、模拟教学、启发教学、讨论教学、角色扮演等多种教学方法和手段，提高会计教学的质量和效果。在会计实务中，应加强会计实务教育的比重，为学生提供充分的实习时间与机会；二是将模拟模拟与理论结合起来，使学生获得专业认同，体验工厂的学习气氛；三是定期组织学生外出实习，让同学们对企业财务、成本控制、报表编制、税务筹划等方面有更多的认识，使他们真正做到“零距离”学习；四是注重情境教学、案例教学和岗位轮换，让学生全面了解财务工作的全过程。在实践教学中，应突出会计基本功和会计业务规范化的要求。

（四）强化师资队伍和素质建设

加强财会师资队伍建设，提升财会师资力量，是高职教育改革的重点。加强高校的财会教师队伍建设，一方面需要政府的大力扶持，另一方面又要有一定的财力保证。另一方面，高校要加强对现有的师资队伍的培养，加强对现有的师资队伍的培训和培训。同时，要通过开展公开课、制作课件、教学比赛等形式的体育竞赛，加强师资队伍的建设，提高教师的综合素质。

（五）重视学生的会计职业道德教育

特别是对会计人员的职业道德教育。高职会计专业培养不仅要注重理论知识的传播，还要注重实践技能的培养，还要注重职业道德和职业素质的培养。要把职业道德教育贯彻到会计教学中，必须从以下三个方面着手：第一，正确处理好“德”和“才”的关系，把育德和育人相结合，以培养德才兼备的财会人才；二是要正确处理好“情”和“法”之间的关系，会计工作要讲诚信，讲信用，坚持原则，不搞假账。加强对大学生的法律教育，使其彻底抛弃侥幸心理，做到客观、公正、廉洁；三是要把思想品德教育和素质教育相结合。会计专业知识广泛，不仅要掌握经济、法律、财税等各方面的知识，而且要具有良好的职业道德意识和职业道德意识，必须把素质教育和职业道德教育相结合，才能适应社会的需要，适应会计工作的需要。

（六）改革考核方式，完善评价体系

为了适应会计教学改革的需要，会计教学评价机制也必须不断完善。具体

来说，就是要抛弃以往的简单的理论考核、评价模式，结合会计专业的教学实践，适当增加过程考核、实践考核、能力考核，把课堂表现、实习、实习、社会实践等多种内容纳入教学考核、评价指标体系，特别要适当增加会计实务操作在教学考核中的比重，以此引导学生实现的全面发展，并据此来对高职会计教育进行改进和创新。

第二节　高校会计教学有效性

在新一轮新课改的背景下，“教学有效性”成为高等职业教育的终极目标，在财会教育的建设中起着举足轻重的作用。二十世纪初期，有关教育学者对如何建立一个有效的课堂进行了较为详尽的定义和论述，他们认为，师生关系是影响教学效果的重要因素，而随着课堂机制的逐步完善，教学效率的提升也越来越多。

一、会计教学现状阐述

教学基本功。当前，大部分高等职业学校都有了现代化的发展水平，配备了多媒体、投影仪、推拉式黑板、计算机等专用教学设施，这些都是培养学生进行专业教育、老师讲授的基础。但是，当前我国会计实训中很多学校都缺少独立的实习基地，导致了学生在实习中没有合适的实习场地，从而影响了实习的成效。

课程内容。会计作为一门实用性较强的实践性课程，在实施具体的课堂教学时，必须重视“实践性”，而当前，引进更多的实践性课程是必然趋势，也是提高教学质量的基础。

二、教学考核手段

在整个学期末，大学普遍采取了一种以笔试为基础的综合评价方法，要真正达到培养应用型人才的终极目的，就需要拓宽会计评价和评价的途径，以书面形式进行考试是目前最有效的教育手段。

三、会计教学需要解决的问题

高职教育思想是影响课程学习目标、拓展基本教学方法、充实教学内容的基础。在政府的大力扶持和社会各界的积极肯定下，我们的办学条件、师资力量和硬件设施都有了很大的提高，同时也在加速发展。但是，仍然存在着向纵深发展的不稳定现象，很多时候忽略了企业的现实需求，和学生的实际问题。

实践教学的不足。由于资金短缺、企业不愿意招收实习生，造成企业难以设立自己的实习基地，致使企业和企业的会计科实习机会寥寥无几。会计人员要想真正入职，必须要经过长期的训练，但是由于会计账务的私密性，不可能将其全部用于实际操作，这就给会计实习带来了一些困难。

当前，金融专业师资缺乏实习经历是一个很大的问题。很多职业学校的财会专业老师，尽管他们的教学经验丰富，具有一定会计理论基础，但其实际操作水平良莠不齐，理论和实际相结合有待提高。在我国教育体制改革的背景下，实践教学日益受到各高校的关注。教师实习能力的提升是一个不可忽略的问题。

四、会计教学的有效途径

财会的教学目的是明确的。俗话说，如果你想要获得更多的成就，那么你就必须事先做好充分的心理和明确的发展方向。高职会计专业教学除了要对会计基础理论知识、会计核算方法、会计账簿、会计凭证、会计稽核手段进行全面的学习，还要对会计专业人才进行培训，以充分利用会计人才。

应进一步深化会计教育的方式，构建多样化的会计专业课程体系。在课堂上营造一个开放型的教学环境和气氛，使其积极主动地发现问题、分析问题和讨论问题，在课堂教学中创造开放的教学环境与教学气氛，充分发挥学生的主观能动性，培养学生自主发现问题、分析问题和解决问题的能力。例如，在学习“资产＝负债＋股东利益”这一恒等式时，教师就可以针对每个人的具体条件，对其进行详尽的讲解，并通过“收支平衡表”，使其明白恒等式的恒等性。改革教育方法，建设现代、高效的课堂。利用多媒体技术、网络课程、网络平台等先进的教育技术，将校内外的教学资源进行有效的整合。同时，教师也不再只限于教材中的理论知识，而是采用案例分析、课堂研讨、现场模拟、视频播放、小组合作等多种方式来进行会计课程的讲解。例如，在学习三种纠错方式时，老师不仅要传授三种基本的正确用法，而且要结合实际的教学实例，让学生对“划线改正法”经常用于会计差错的情形有一定的了解；“红字更正”一般是指记账凭证有误，账簿也有错误；“补充修正法”经常被用在数量较少的情形中。

“微格教学”在实践中的应用。“微格教学”是以少量的学生为主体，在很短的时间（5~20 分钟）里，进行一次小规模的课堂教学，将其录制下来，然后在下课后进行系统的分析和研究，既是一种新的教学方法，又是一种提升教师教学质量的有效方法。比如，在现实生活中，当你遇到了需要参考的会计问题时，老师的教学录像就是一个很好的引导工具，而“微格教学”不仅解决了学生们普遍存在的知识遗忘问题，而且还能在一定程度上改变传统的教学方式，为构建系统化的教学模式指明了一个正确的方向。

高素质教师的培育。①定期选修和进修会计基本课程。对于高等职业技术学院的学生而言，他们的课程种类繁多，课程内容繁杂，课程安排紧凑，需要对课程内容进行较深的总结，才能更好地进行教学工作。这就要求老师们在日常工作中不断提高自身的技能，并在学校的日常工作中获得丰富的教学体验。同时，教材是会计学的基石，因此，在教材的基本观念等层面上，应对其进行合理的拓展，以便于掌握与运用两者之间的联系，从而为教师提供更好的教育方法。例如，在“会计分录”中，要把“会计账目、记账法”等方面做得好，可以为今后的会计科目的研究提供一定的理论基础。②要重视归纳，重视对课堂的思考。教育经验的反省，也就是所谓的“反思式”或“反省式”，即教师将自身教育行为视为有意识的对象，认真地审视、评价、反馈、控制、调节教育理念、教育方法以及教育结果。波斯曾经说过：“没有反思的经验，就是狭窄的经验，至多是肤浅的认知”。因此，在每个下课之后，教师都会对本课的主要内容、难点进行总结，并对其教学成效进行恰当的思考，以便更好地了解自己的专业素质。在对学生进行自我反省与归纳的过程中，培养了自己的学习方法，提升了自己的能力，从而获得了发展的推动力。高校作为高等教育发展的一个重要组成部分，其发展必须与现代企业的发展目标相适应，灌输先进的教育和教学思想，并不断开拓新的教育和教学方式。通过对目前高校会计专业教学现状、存在的问题、教学手段等方面的具体分析，对其教学效果进行了初步的探索，以期为以后的教学工作提供参考和发展途径。

第三节　高校会计教学改革

高校会计专业能力的培养是目前高校会计专业建设的一个不容忽视的问题，它直接影响到高校学生的专业水平，也是高校学生充分发挥自身专业技能的重要体现。培养其会计专业技能，主要是通过培养相关的学习技能，提高其专业技能。在教学过程中，财会专业的相关课程老师要结合教材中的有关教材，对其进行专业知识运用能力的指导，使其在实际应用中得到提升。在持续发掘教材资源的前提下，优化教学方法，扩大教育的覆盖面，并结合学生的实际情况，进行与会计专业有关的高级训练。

一、当前各个学校进行会计相关教学的现状

（一）当前会计相关的科学文化知识教学任务繁重

当前大部分的职业教育都是以完成教学为主，但长期来看对学生的相关知识能力和素养的培养更为重要，它对学生的学习和成长有很大的提升作用。

（二）教师采取的会计相关知识教学不灵活

当前，我国高等职业教育会计新的教学模式尚处于摸索阶段，即各种经验和教学方法都有待完善。许多老师在课堂上只是给学生讲授教科书上的内容，并一味地讲授文章中的知识点，下课后也不去监督或巩固有关的写作练习，或

忽视了在这里面对有关会计的专业知识的适当运用。这就造成了教学模式无法达到预期的效果。

（三）对会计相关专业学生专业知识应用的能力的发展跟踪监测不到位

学生的专业技能和实践技能不是一蹴而就的，而是一个学习的过程。要提高学生的会计专业技能，就必须花更多的时间去了解会计的知识，同时还要时刻关注学生的能力和学习情况。

（四）部分教师对于互联网技术应用不到位

教师是教学的“柔性”和“导向性”，只有正确运用网络技术，才能保证高职会计教育在网络环境下的新模式得以实施。

（五）对全体同学的会计相关专业课学习情况没有很好的把握

有些老师，在询问或检查学生时，会自然而然地认为自己的学生已经完全掌握了会计专业的相关知识，其实并非如此。

二、推进会计教学改革的重要性

近年来，随着新课程改革的不断推进，会计教育又被提到了一个新的高度。会计教育不仅为学生提供了良好的学习环境，而且为以后的会计职业技能和拓展课程提供了有益的借鉴。要坚定不移地推动会计教育的发展，必须坚定不移。

三、关于如何推进高校会计教学改革

目前，随着社会各界的共同努力，高校的会计课堂改革已经进入了各个环节，但如何在实际操作中不断提高会计教育的实效与创新，还需要学校、教师、学生的共同努力。高校的会计专业知识与技能的运用，是进入社会、实现职业发展所必需的基本技能。现在，互联网及其相关技术已经渗透到了各个领域。如何把计算机网络技术应用于高职财会的教学与实践中，是十分必要的。下面，作者根据自己的工作经历和对目前的形势的认识，提出一些关于高职会计新模式的一些看法。

（一）利用网络环境，优化高校会计课堂教学办法

在过去的几年里，我国的会计教育普遍采用单一的教学模式。实际上，这里面有很多种方法。例如，老师可以将班级分成若干组，每个组都有一个问题。如果有需要，可以给予一定的报酬。同时，通过对会计专业基本知识的理解，激发学生充分利用自身的能力，设计出相应的问题。为保证教学效果，老师可以就问题进行核实或补充。同时，还可以利用网上教学的方式，在网上开设知识库，并在网上随机选择写作材料。这样既能激发学生对会计专业的学习热情，又能真正地从“问”的课堂中获益。

随着科技水平的不断提高，有关的多媒体设备也逐渐在中学语文教学中发挥了重要作用。在进行财会的相关课程中，利用高科技的仪器，既能丰富教学方式，又能提高学生的学习积极性和主动性，提高会计专业的教学效果。同时，教师也可以通过网上的资源，组织有关的网上会计知识学习小组，使学习会计的课堂不再局限于网上。

（二）加大对学生课后学习和练习的追踪

教师可以通过网络来构建高职财会的教学资料库。记录下每个学生的学习特点和情况，既能让老师更好地了解学生的学习状况，也能让老师更好的了解每一个学生的学习状况。专业技能的运用与一般的问题是不一样的，它可以通过精确的测试，快速的提升，需要日积月累的积累。

（三）提高课堂时间利用率

课堂是教师开展教育活动的主战场，其首要任务就是维护好教师的课堂教学。在课堂上，老师对会计专业的具体知识进行了详细的讲解，使学员能够准确地掌握与会计有关的专业知识。这就要求老师提前备课，并且要做好准备，改变以往只有一次备课，以后很少修改的情况。

（四）不断扩展会计相关知识和应用的课后练习，使学生能力扎实地提高

课堂上一定要和课外实践相结合，这样才能发挥出最大的效果。所以，我

们应该鼓励老师在课堂上进行计划性的训练，并与前辈的父母合作，指导他们的课后实践。

（五）不断加大对教师相关会计教学新模式的培训

人才是教育事业发展的中流砥柱，不管你有多高的技术，有多好，就有多好。只有提升相关人员的质量和能力，才能真正推动整个行业的健康发展。

在我国大力推进有关课程改革的同时，也在探索高校会计专业新的教学模式。适合高校会计专业的教学模式，使传统的会计教育步入了一个新的发展阶段，逐步培养学生的有关知识，使课堂真正回归到学生的手中，激发了高校学生的学习积极性。要求高校的本科生在本专业课程中复习有关的专业知识，并把它们融入到自己的实际工作中。在指导学生的过程中，相关的老师要对新的会计专业教学模式进行总结。

第四节　高校会计教学体系

一、高职会计教育实践教学体系存在的问题

随着社会的发展和经济的发展，我国对会计人员的素质要求也越来越高。《教育部关于加强高职高专教育人才培养工作的意见》指出，会计专业学生通过系统地学习会计专业知识，以专业理论、专业知识、专业技能为主要内容，以具备一定的专业理论和专业知识，并具备一定的专业知识和专业技能，并具备一定的会计理论知识和应用能力，并具备较强的会计职业判断力和解决实际问题能力。在强化财会理论教学的同时，强化实务教育。

通过对不同职业学校的调研，发现当前我国会计实践教学中存在着目标模糊、内容单一、设备落后、专职实验员配备不足、重核算轻监督和分析、教学安排不系统、学生实践机会少、校外实践薄弱等方面。

大部分高校对会计学专业毕业生到中介机构实习、到企业实习等方面的重

视程度较低。与此同时，我国会计行业与学校与企业、会计公司、会计师事务所等并未形成长期的合作与合作机制，企业也不愿接纳实习生，这使得会计专业的学生无法在社会实践中形成一种良性的、稳定的运作机制。

二、创新实践教学体系的研究路径

（一）研究的目标

建立四位一体、内外结合、全方位、系统的新的实习教学体制，以适应高职会计专业的特点。对我国高校的会计实训教学系统的构建具有一定的参考价值。为职业教育学院制定和完善职业教育教学目标，提供了一种行之有效的方法。这对教师的教育观念、提高教学质量、实践能力、创新能力和工作适应性都是有益的。为企业、用人单位、全社会对高职教育的重视和参与，提供了一个强大的平台。为教育行政部门、会计主管部门以及其他有关部门在会计专业教育中的作用，提供会计专业教育的有效指导和管理，协调各种关系。

（二）研究的对象

本课题以 2009-2013 级五年级的会计专业本科生为研究对象，对其在学校的实习教学进行了跟踪与评价。通过问卷调查、面对面座谈、毕业后上岗的实践经验以及用人单位的反馈，可以看出，新制度的实施，有利于实现人才培养目标，完善实践教学体系，提高教师的教学水平，提高学生的综合素质。

（三）研究的方法

调研研方法：根据对会计人员的工作需要、对会计人员的能力要求进行调研，制定会计实习课程的内容，并对培训计划进行修订。

本课程采用实验研究方法，结合我校财会系学员在龙威财会公司进行的实训与实务演练相结合，探索了一种新的实习教学模式。

访谈法：在研究过程中，我们注重听取同学、同行的声音，听取会计工作者和企业的声音，从而为本节的研究提供更丰富的信息。

比较研究法：通过对国内外会计实务教育的相关研究成果的比较，对其进行系统的分析与借鉴，从而总结并探讨一种全新的会计实务教学新体系。

三、探索构建高职会计教育新的实践教学体系

（一）加强实践教学环节

重视课堂实训。在会计教育过程中，会计教师运用了各种教学手段、方法，使其在会计教育中渗透到各个环节，使其理论联系实际，增强其对会计知识的敏感度，为以后的学习和实际操作打下基础。通过对专业教学中某个环节的实际操作进行研究，采用分岗位实习的方式，建立模拟教学环境。

强化实验，以适应实践教学的要求。对一些实验室进行了改造，配备了一些先进的仪器，并设立了模拟试验室。

积极推进“双师”和“双证”管理。通过对会计公司和中小企业的顶岗培训，从社会上招募具有实践经验的同志作为实验班的专职老师，以促进双师素质的培养。鼓励学生取得学历。

（二）提高教师及学生的整体能力

教师的思想认识、教学水平和实践技能都得到了提高。教师在思想上发生了转变，对高职会计专业人才培养的规律进行了再认识。调整教学内容、教学方法、教学手段，运用多种信息渠道，掌握国际和国内的会计发展动向。为提高实习环境，提高学生的实践技能，创造有利的条件。新课程的实施，使实践性教学的比重提高，教师讲课的难度增大，对教师的综合素质提出了更高的要求。教师面临着更大的科研压力，积极开展科学研究，使教学和科研并进。

学生的综合素质得到了改善。新课程强调了学生的主体性，改变了学生的学习态度，使学生从被动变为主动，提高了学习的积极性和自觉性。新的实习制度使学生获得了较多的实习机会，使他们的实际操作能力得到了显著的提升。通过对会计专业的再调整，学生的知识面扩大，提出问题、分析和解决问题的

能力显著增强，学生的管理能力、知识运用能力、语言表达能力、人际沟通能力、团队精神等方面均有较大的提高，学生的整体素质也有所提高，真正成为了适应中小企业需要的初级会计人才。

（三）加强学校与会计职业界的合作

与第三方的会计代理公司进行合作是目前我国会计专业教育发展的必然选择。加强与会计中介等第三方机构的合作，使学员参与到实习工作中来，是达到实训教学目的的捷径。学校和会计公司签署了实习合同，为学员提供实习机会。通过在中介公司的专业实习，使学生对会计、会计职业、岗位的感性和理性认识加深，对会计的操作和实际操作的掌握程度明显提高，并使他们的实际工作能力和理论知识相结合，为将来进入工作岗位打下了良好的基础。学院与会计中介机构、中小企业的合作，在提高其社会知名度的同时，也为企业的办学活动、提高其社会信誉、营造良好的环境，达到了“双赢”的效果。

（四）呼吁全社会关心和参与高职教育

有些企业不愿意接受会计专业的实习生。因此，应加大对会计专业教育的宣传，使更多的企业、社会组织对会计工作的关心和重视，并对其进行及时的反馈，从而为会计教育、教学工作提供有力的支持。在教育理念、教学理念、教学安排、经费投入等方面，应加强与企业的联系与合作，真正为学生实习找到立足点，企业乐意接收学生实习，最终达到院校与企业双赢、就业与用人双赢、社会效益与经济效益双赢。

应由教育行政部门承担起指导、管理的责任，会计主管部门要多创造机会，多培养、考核、考核、评价，并协调、引导会计从业人员积极投身到会计教育中来，为会计教育搭建一个更加广阔的平台，为学生提供更多的实践机会。本节旨在唤起教育主管、会计主管机关、有关政府部门的关注与再认识，为整个社会营造一个关心、关注高职教育的良好环境。

（五）构建新的会计实践教学体系

建立一个集个人技能培训（包含在相应的课程）—岗位模拟培训（在会计

实验室）—跟岗实习（在会计中介机构，如会计公司、会计师事务所、第三方会计培训机构等）—顶岗实习（在企业的会计岗位）于一体的、校内外结合、系统完善的实践教学新体系。

这是学校、会计中介机构、企业三方共同制订和执行的“1+1”会计实训教学的一次尝试。教学内容主要有：课堂模拟教学、中介机构跟岗实习、企业顶岗实习。这一制度把会计人员的供给（教育）与会计人员的需要相结合，使会计教育的在职人员与教育者相互协作，从而形成一个良性的循环，从而为会计实务人员的培养打下了良好的基础。2011 年 7 月，该模式被列入黑龙江省“十二五”重点高校创新创业模式改革试点项目，并于 2011 年 6 月《黑龙江日报》第 2 期刊发，并于 2016 年 5 月通过教育部验收。

第五节　对高校会计教学的思考

高校应坚持工学结合、校企合作的办学模式，坚持以工学结合、校企合作的方式，实行定向型人才，加强教学与生产实践、技术推广和社会服务相结合，为企业服务。高职会计专业的课程设置也是如此，它需要在全面理解国家财政政策、法规、工作岗位以及产业背景的基础上，进行合理的课程设置。

一、课程设置的基本原则

（一）适应教学目标的要求

高职会计专业的培养目标是培养具备一定政治意识，懂得会计核算、财务监督、财务管理和税收征管的高级会计实务人员。高职财会的课程设置和教学内容体系要符合高职财会的要求，要注重应用性和针对性。

（二）适应社会经济发展的需要

在开展社会职业调查的基础上，注重专业的服务功能，将雇主的需要与产业发展趋势相联系，并据此制定合理的课程发展方案。高校财会专业的知识、素质和能力结构是符合社会需要的。

（三）适应社会岗位的需要

社会工作对人才的需求在于重视专业技能的实效性。高等职业技术教育，就是为各行各业提供实用人才的教育。从这一点可以看出，“实用”是高职教育的一个重要特色，它不主张对“为什么”进行过度的引导，而要让学生明白“是什么”“怎么做”。强调实践性的重点不在于知识的纵向扩展，而在于技术的运用。学生的学习目的很清楚，就是要学会怎样去做，怎样去解决自己的专业问题，怎样在今后的工作中遇到同样的问题。所以，在高校的教学中，不应该以知识的深度与困难为切入点，而应该围绕着技能的灵活运用来进行教学。课程的设定必须符合这个要求。

二、课程整合的必要性

综观目前各个会计专业的培训计划，很少有人能够根据自己的实际情况来调整自己的教学计划和课程。无论是在大学还是在，会计专业的毕业生大多是以就业为主的，因此，对会计人员的工作能力和技能的要求必须达到一定的程度。尤其是在我国第三产业快速发展的背景下，会计专业的教学应该着眼于大学生的就业情况，并将其作为一个“风向标”。在此背景下，对会计专业进行课程整合，是一种更好的应对方式。通过综合教学，使学生摆脱了大量的理论教学，使他们有更多的时间去实践，实行“工学结合、校企合作”的实训教学模式，使人才得到了雇主的青睐，从而使高职教育得到了极大的发展。

三、课程体系设置的结构

以能力为导向，是职业教育专业建设和发展的根本。通过多年的实践，本节提出了以“公用平台+模块”为主的会计专业课程体系结构，主要体现在基础素质平台和专业技能模块两个方面。基础素养平台由专业基础课程与专业课程组成，专业能力课程由专业基础课程与专业课程组成。

（一）公共基础平台

公共基础平台是针对不同学生的共同发展特点而设计的，目的在于提升学生的综合素质、团结协作、创新意识、对专业知识的掌握、对社会适应能力的提高，从而体现出社会人规格和层次。

这个专业开设了英语、电脑应用、思想品德教育、法学、体育、就业等专业。

（二）专业技能模块

职业技能模块是针对“会计专业”教育中注重技能和操作的特点而设立的，目的在于培养学生的专业问题的处理能力。本平台应该包括会计专业的基础理论和基本技能。

课程内容主要有：珠算技术、会计基础、统计、财务法律、会计职业道德、数据管理及应用、财务应用等。

会计基础技能人才的培养要符合市场经济的发展、产业的发展，以及市场对人才的需要。力求实现职位目标化，实现技能训练目标化。会计基础能力、财务管理能力、财务监督能力、税务代理能力、专业拓展能力。

会计专业主要有：会计、审计、会计电算化、成本会计、工业会计、会计手工仿真等；

财务管理专业主要包括：企业财务管理和分析、成本管理、资产评估等；

财务监督能力主要包括：基本的审计和实践，以及会计体系的设计；

税务代理能力主要包括：税务法规、税务代理等。

本课程包括：行销、证券投资、网络财务、商业谈判、社交礼仪、公共关系等。

这些技能模块是针对学生的个性发展和综合素质教育而设计的，既符合会计专业的教学目标，又体现了专业知识的综合性、融会性、实践性和个性发展的需要。

四、课程整合与整合教材的配备

（一）课程整合

课程整合是指将部分课程的重叠或合并部分，根据现有工作需要，将其组织重新整合起来。它可以缩短课堂讲授的时间，提高学生的学习效率，使学生在实际操作中有充足的时间进行教学。它的综合课程包括：行业会计学：包括银行会计、物流企业会计、建筑行业企业会计、旅游企业会计、涉外会计、预算会计等；

企业财务管理与分析实务：包括财务管理、财务报表分析、管理会计等；

审计基础与实务：包括审计基础、审计实务等。

税收相关法律：税收征管法、经济法、刑法等。

（二）整合教材的配备

完善的课程体系，反映了培养学生适应工作需要的能力；对岗位适应性的需求反映在所培养的学生能够胜任所有财务工作。这需要一个很好的基础，那就是教科书。现行的会计准则过于精炼，各科间存在着过于交叉的现象，例如，《财务管理》和《财务报表分析》这两本教科书在财务指标的内容上存在着太多的重叠；《物流企业会计》和《旅游企业会计》在各个会计要素的会计处理上存在着大量的重叠现象。现有的教科书已不能满足以上课程体系的需要。要做到这一点，最好的办法就是在原有的适用教科书的基础上，将部分已有的教科书进行整合。

综合教材应能充分反映高校的工作需求。减少了教学内容的交叉，强调了强化训练的能力。例如《行业会计学》，使学员能够体会到不同行业的不同，也能更好地理解不同行业的会计核算的含义，从而提高学生的学习积极性。主动为“零距离”的学生入职提供了一种有效的方法。因此，有关专业的出版社和有关的专业人员，应该在这一领域进行革新，为高职教育再作一次贡献！

第二章　会计教育的思想与理念

第一节　会计教育思想

一、教育思想的含义

什么是教育思想？这是理解和研究教育思想时，首先必须解决的问题。关于教育思想观念的定义，国内外理论界均无定论。归纳起来，主要有两种解释：广义教育思想和狭义教育思想。

1. 狭义教育思想

持这种观点者认为，教育思想与教育观念是两个不同的概念。教育思想是对教育职业的理性思考，表现为高层次的理论问题；教育观念是广大教育工作者和管理者对教育职业的一般认识，且存在于每个人的头脑之中。一般大众的教育观念是自发的、感性的、零散的，而教育思想是对教育这一社会现象的深层认识，是比较自觉的、理性的、系统的和认识，并成为办教育的指导思想。

2. 广义教育思想

持这种观点者认为，教育思想和教育观念是同一个概念，没有本质区别，只是层次上的划分，可以统称为教育思想。《教育大辞典》对教育思想的解释是：教育思想是对教育现象的认识，主要包括教育主张、教育理论、教育学说等。教育思想可分两个层次：一是较为零星的、非系统的教育思想，如人们对教育总体或某方面的片段的初步理解、看法、想法、主张、要求与建议等；二是较为严密的、系统的教育思想，如人们在总结前人认识的基础上，经过进一步深人探索、反复检验、系统整理并改进而提出的教育理论、教育学说、教育规律、教育定律等。

关于个人是否有教育思想问题，学术界又有两种观点：

第一种观点认为，任何从事教育工作的人，都有自己的教育思想。所有从事教育工作的人，对教育总有他自己的看法，包括他们自己在受教育过程中和以后在从事教育工作的过程中，对教育的种种看法，这些看法就是教育思想的雏形。

第二观点认为，一般人没有教育思想，只有名人、伟人才有教育思想。一般普通人根本想没有想过自己会有什么教育思想，即使是一位有真才实学水平、教育学研究有建树的专家或教授，他们也会谦虚地说自己没有独特的教育思想。

从哲学角度上讲，教育思想是经过实践积累而逐步形成的。没有个人的教育看法、主张、认识，就不可能有群体的教育理论、教育学说。教育思想既是社会历史发展的产物，又是人们认识教育现象一定阶段的产物。个人教育思想具有个性，受其世界观、价值观和人生观所制约；群体的教育思想还受一定社会的政治、经济状况所制约，并随着社会的发展而完善，具有历史性、继承性。正确的教育思想符合社会发展、符合教育发展规律，则对教育的发展、社会的进步都起促进作用；相反，错误的教育思想不符合社会发展、不符合教育发展规律，则起阻碍作用。教育思想形成的源泉是教育实践，它的形成、提高与完善，是通过批判地继承前人的教育思想和对现实教育活动的深入研究、改革、实验、总结来实现的。所以，第一种观点更能被人们所接受。

3. 正确理解教育思想的含义

在教育思想的研究和实践中，我们赞成狭义教育思想观。严格区分教育思想和教育观念，既符合学科发展规律，又与现实情况相吻合。

（1）思想和观念是两个有本质区别的概念。“思想”是指客观事物存在人的意识中经过思维活动而产生的结果，属于理性认识；“观念”是指客观事物在人脑里留下的概括的形象（多为表象）。个人对教育的主张、看法、想法、思路、观点、理论、学说等，可统称为教育观念。只有将这些教育观念经他人进行系统地总结和阐述后，上升为理性层面时，才能称为教育思想。教育观念可以是个体行为的结果，但教育思想一定是集体行为的结晶。教育观念是基础和前提，教育思想是深化和完善。

（2）任何个人都有观念，任何教育工作者都有教育观念，但并非都能形成思想、形成教育思想。只有那些为人类、社会做出特殊贡献的伟人、科学家、教育家，他们的观念才有后继者进行系统总结，理论化后成为思想。

二、教育思想的分类

研究教育思想，必须了解教育思想的类别。教育思想可按不同标准进行分类。

1. 按教育思想研究对象划分

可分为个人教育思想、集体教育思想和公认教育思想。

个人教育思想是指某一名人、某一教育工作者对教育现象的认识。例如，黄炎培教育思想、蔡元培教育思想、陶行知教育思想等，都属于个人教育思想。

集体教育思想是指某一个集体或学派对教育现象的看法、主张、观念，并形成体系化的认识。例如，杜威学派的教育思想，就是杜威本人和杜威的继承者对教育现象理性化的认识。

公认教育思想是广大教育学研究者对前人的教育思想进行研究，并概括出来的教育界普遍承认的教育主张、观念、学说和理论等。例如，教育本质思想、教育改革思想、教育系统思想、教育开放思想、教育超前思想、教育特色思想、教育民主思想、素质教育思想、终身教育思想等，都是公认教育思想。

2. 按教育思想层次划分

可分为宏观教育思想和微观教育思想。

宏观教育思想涉及全国性或区域性教育发展战略、宏观教育决策、宏观教育管理所产生的教育主张、观点、理论等。例如，在市场经济条件下，教育主管部门要转变职能的思想；高等教育大众化思想；动态调整教育结构的思想；

发挥市场对教育资源配置，盘活教育资源的思想；教育决策民主化、系统化和科学化的思想；高等教育分类调控的思想等等，都属于宏观教育思想。宏观教育思想的失误，不仅要造成大量的人力、物力和财力的浪费，还会大范围地对受教育者造成终生的损害。因此，加强宏观教育思想的研究，尤为重要。

完整、系统的宏观教育思想，应当包括教育方针、教育政策、教育规律、教育观念、教育方法、教育原则等内容。

微观教育思想是涉及某一个学校或某一类学科教育及管理方面所产生的教育主张、观点和理论等。例如，重视学生个性发展的思想，在市场经济条件下拓宽专业口径的思想，重视加强学生人文素质教育的思想，重视学生德育素质教育的思想，加强学生健康教育的思想，加强学生能力和方法培养的思想，等等，都属于微观教育思想。在宏观教育思想不失误的前提下，微观教育思想的正确与否，直接影响到培养人才的素质和质量。学校的领导和教师，尤其要重视研究微观教育思想。

3. 按教育思想作用划分

可分为教育管理思想和教学思想。

教育管理思想是涉及如何管理教育，如何管理学校所产生的思想。如稳步发展高等教育的思想，发挥市场对教育资源配置的思想，扩大高校办学自主权的思想等，都属于教育管理思想。

教学思想是教学育人工作所产生的思想。如素质教育思想，通才与专长相结合的思想等，都属于教学思想。

此外，还有学者从研究教育思想涉及范畴进行分类，将教育思想分为理论型教育思想、政策型教育思想和实践型教育思想三种类型。

三、教育思想的特征

教育思想具有政治性、科学性、继承性、移植性、变动性、本土性和超前性等特征。

1. 教育思想的政治性

由于教育是为政治、经济、文化等服务的，故教育思想具有政治性。

2. 教育思想的科学性

教育思想是在教育实践中产生的，并符合教育规律，能够指导教育工作，所以具有科学性。教育实践是教育思想产生的源泉，也是检验教育思想正确与否的唯一标准。一种教育思想是否科学，就在于是否符合教育规律，是否能在反复的教育实践中得到检验。教育思想按体现的教育规律划分，可分为教育一般规律的思想和教育特殊规律的思想。

3. 教育思想的继承性

凡是能反映教育规律的先进的教育思想，总是要被继承和发展的。如我们现在所研究和倡导的素质教育思想，完全可以从历史教育经验中找到渊源。事实上，教育思想总是后人在前人的教育观念基础上，通过实践反复补充、完善、验证形成的。

4. 教育思想的移植性

教育思想的移植性是指教育学能够从相关科学（特别是经济学、管理学等）中借鉴某些科学思想。教育是一项庞大的事业，需要管理（包括宏观管理和微观管理）。因此，教育能够从工程技术、经济管理等学科中借鉴或移植其思想。如从工程学科中吸引和借鉴系统科学思想，产生教育系统观；当科学管理学派、决策理论学派、权变理论学派、行为科学学派的管理思想产生后，都被迅速移植到教育学领域，极大地丰富了教育理论。

5. 教育思想的变动性

教育思想属于意识领域范畴，会随社会历史的发展变化而发生相应的变化，并不断完善。如古代孔子、孟子、墨子都重视因材施教，近代康有为、梁启超提倡德智体三者相结合，都体现了素质教育思想，但这些都是朴素的简单的素质教育思想。当前倡导的素质教育，对素质的概念、分类、结构、素质教育规律、人才培养模式、素质教育与专业设置、素质教育与教学计划等都有了深刻的研究，形成的素质教育思想更有飞跃的认识。

6. 教育思想的本土性

教育思想的本土性是指教育思想的研究和运用必须注意国情，并使之融入本国本土文化。在研究和借鉴教育思想和经验时，也必须注意本国国情。

7. 教育思想的超前性

教育思想的超前性是指教育思想的研究要有超前意识，能够指导教育实践，满足未来社会和个人对教育的需求。教育是为未来培养人才的事业，教育思想研究必须满足未来社会和个人对教育的需求。

总之，只有研究教育思想，树立正确的教育思想，才能深化教育改革，才能发展教育，才能保证育人质量。

第二节　传统会计教育思想的弊端

一、会计教育思想及含义

会计教育思想是一般教育思想在会计学教育中的具体表现，是专业教育思想，属于微观的、教学性的范畴。

虽然会计教育思想的研究是一个重要的理论和实践问题，但当前研究成果极少，相应对会计教育思想的表述或具体内容，学术界尚无统一、公认观点。部分专家、学者研究成果综述如下：

刘洪迅、吕效霞认为，会计思想就是经济核算的思想，就是通过算账寻求获得最大经济效益的思想，因此会计思想教育应该成为会计教育的组成部分，教育对象包括普通大众、领导者和专业会计人员（含预备队伍）；王铭认为，终身教育思想应当引申到会计教育领域，会计教育应贯穿每个“会计人”一生的会计职业生涯，是一个从“会计摇篮”到“离职退休”的过程，所以会计教育是一个可持续发展的教育；张以宽在全面分析孔子教育思想后，提出了高等会计教育是“培养具有高尚品德的会计人才”的思想，因为会计人才从事的工作都与钱、物相关，多与经济管理、与财务决策相联系，故要提高会计人才的素质，应当把品德、职业道德教育放在首要位置；陈艳认为，会计教育应树立全面发展思想，一名合格的会计人员除应具备基本的专业素质外，还应是在思想道德、世界观、人生观、价值观等各方面全面发展的综合型人才，因而高等会计教育要注重“学做人、学做事、学知识、学方法”的培养；王建刚、王晓梅认为，高等会计教育，要立足会计的本质及职业特点，结合会计的发展方向，把握现代会计人才的素质要求，应树立通识教育的思想，建立起较为合理的知识结构，培养出合格的现代会计人才。

到目前为止，对会计教育思想较为完整、系统的论述是：会计教育思想包括主题教育思想、素质教育思想、人文教育思想、创新教育思想、实践教育思想；会计本科教育是全人教育基础上的专业教育。

二、传统会计教育思想的弊端

在21世纪知识经济时代，教育在社会经济生活中所起的作用将越来越重要，成为国家举足轻重的战略性、先导性产业。会计学科是一个与经济社会发展紧密相关的专业学科，正面临着知识经济所带来的巨大挑战。研究经济环境变化对本科会计教育的影响，对深化本科会计教育的改革与发展，具有深远的现实意义。

会计是一门应用型学科。当高等教育已经进入大众化教育阶段后，应该在本科会计教育阶段更加重视应用型会计人才的培养。2006年国家颁布了38个新的企业会计准则，这对会计人员的素质要求又进一步提高，尤其是对会计职业判断素质要求更高。

另外，近年所培养的大批量会计本科毕业生，会出现与用人单位实际要求有偏差的情况，这也告诉我们在教育目标的定位以及课程体系的设置上存在一些需要更新、提升的问题。这些都要求对当前的本科会计教育进行改革。会计教育的改革需要会计教育界、会计实务界的共同参与，但尤其需要会计教育界的努力。实现本科会计教育的改革与发展，会计教育工作者责无旁贷。从我们多年来的会计教育实践来看，主要有以下需要改进和注意的方面。

（一）宏观上教育管理需适应市场经济要求

1. 先进教育理念需要落到实处

21 世纪是知识经济时代。会计先进教育理念，需要落到实处，在日常教育中表现为：第一，应树立以学生为中心的教育理念。第二，古语曰“授人以鱼不如授人以渔”，但今天仍然有很多教师认为大学就是传道、授业、解惑，忽视了对学生学习能力的培养，缺乏学习能力和创新能力的学生肯定不受市场欢迎。第三，树立“终身教育”理念，与知识经济时代的知识结构的更新速度相适应，如果没有自我学习的能力，仅有陈旧知识的人才很快就会遭到淘汰。

2. 保证教育资源投入

我国大部分高校属于公立性质，资金来源主要赖于上级行政部门的拨款。但自从 1999 年扩招以来，各专业招生的人数规模迅速扩大，尤其是会计学专业，除了在博士招生人数方面较为稳定，专科、本科、硕士每年招生人数都是位居前列。与迅速膨胀的扩招规模相比，一方面政府财力有限，投入资金相对不足，其增长速度始终赶不上招生人数的增长速度；另一方面考虑到办学的公益性质，所收取的学费远远低于办学成本。因此，应保证教育经费的有效投入，避免出现师资培训、师资配备、教学设施等人不敷出的现象，使教学质量受影响。

3. 教育结构需要完善

多年来，高等教育一直被视为“精英教育”，大学生曾经被视为“天之骄子”，因而高校课程设置重视理论教育，轻实务教育。在这一思维模式主导下造成了，一方面普通高等教育与高职高专教育发展不平衡；另一方面很多高校培养出的毕业生无法迅速适应基层工作，造成“供求双方矛盾”。大多数中小企业需要的是应用型、复合型会计人才，这就需要高校及时调整和完善教学结构，以适应用人单位的要求。

4. 会计教育“过分”专业化

受长期执行计划经济的影响，导致会计教育“过分”专业化。主要表现在：

（1）知识“过分”专业化。会计学只是管理学科中的一个分支，如果会计学专业学生所具备的知识仅限于会计这个狭窄的领域，或进一步限制在会计电算化、税务会计、国际会计等更精细的专业方向，那么，这很可能成为“盲人摸象”，他们奋力“摸到”的只是整个知识体系的一角，根本无法把握会计在企业管理中的位置和作用。狭窄的专业口径将使学生今后在处理各种现实的复杂问题时经常地为无知所困。

（2）能力片面化。会计学专业有经过几代人的努力而形成的学术规范和专业文化，在一定程度上体现了中国会计文化，形成了一套理论、方法和技能的会计学专业思维定式。这套思维定式集中体现在：长期从事会计学专业工作或学习的人，愿意对问题进行判断而缺乏进行严格的论证能力；长于形象思维而不善于进行逻辑思维；长于运用定性的方法而不善于运用定量的研究方法。人的天赋才能原本是多方面的，现代会计人才也需要具有多方面的能力，过分专业化的教学，有可能导致学生能力片面化。

（3）情趣“专业化”。情趣的“专业化”指专业的特点内化于人的个性、情感、爱好等方面，使人的个性、情感、爱好单一化。会计是操作性很强的职业，又是处于各方面利益冲突的焦点，比较敏感，不能有半点差错，职业要求每一位从业人员必须细致、严谨、周密。情趣“专业化”常表现为过分小心翼翼、谨小慎微，不能作为一个开放的个体与更多的业外人士、业外生活领域进行有效的交流，在处理、观察问题时习惯于从狭窄的专业视角出发。现代社会的发展，需要人们具有丰富高雅的情趣，否则个性、情感、爱好上的单一性将抑制人的能动性和创造性的发挥。

5. 教育评价体系有待完善

当前，中国的会计教育以应试教育为主，教学是以考试为中心，对学生的评价主要是通过期末考试的卷面成绩来判定，其基本特点是“重期末、轻平时、重理论、轻实务、重记忆、轻理解”，这样的评价体系反映的是笔试能力，无法全面考察学生的综合能力。

（二）微观上教育过程管理需提升

1. 教育方式应与时俱进

目前的会计教育，大多数还处于机械式或记忆式教育阶段。在会计教学过程,在忠实于国家颁布的会计准则的同时,却忽视了深入浅出、形象生动的讲解,缺少充实的案例。学生在整个学习过程中，只是被动地接受书上所讲的内容，很少有主动的思考。通过这种教育方式培养出来的学生，不但没有很强的理财观念和经济意识，也谈不上有什么创新意识，致使学生在理解和应用方面存在很多问题。

2. 加强会计职业道德教育

高等学校的会计教育，除了强调会计专业知识的传授，重视会计从业证书，还应重视对学生的会计职业道德进行教育。同时，学生也没有意识到会计职业道德的重要性，也没有自觉的加强职业道德修养。会计教育必须从提高学生自身素质开始，注重学生的职业道德教育更新，培养有利于社会的高素质的专业人才。

3. 更新教学方法

高校会计教学手段比较单一,多年来基本上采用老师写板书或者PPT演示、学生记笔记这种教学模式。虽然很多高校会计教育也实行了多媒体教学、网上传递，但互动式教学、案例教学等教学方法并没有真正落到实处，尤其是在会计实践教学环节上，还大有潜力可挖。

4. 教材建设和授课内容也应及时更新

教材内容缺乏稳定性，前瞻性不足；教材内容存在部分重复；同一教材在不同教学层次之间的同一性问题突出。教师在授课时也普遍存在一些问题：第一，专业课间内容重复较多。在各门专业课程建设中过多强调单科内容的完整性，而忽视整体专业教育课程内容的系统性。第二，专业课与专业基础课之间争内容、争学时，过分强调理论课和专业化程度，应当提高知识结构的通用性。第三，基础课内容很局限，学生很难从其他学科角度全面审视、理解会计，学生学习目的不明确。

5. 会计教育重理论轻操作

很多院校容易注重学生的会计理论学习，却忽视对学生的实训。一方面会计教师缺少实训经验，不能做出比较切实可行的会计实训方案；另一方面，学校出于培训成本及培训环境的考虑，致使在整个会计教育过程中没有为学生提供足够和完善的会计实训条件。

6. 会计教师继续教育需加强

会计制度及各种账务处理方法都不断更新，国家相关政策早已规定会计从业人员每年必须接受继续教育。而对于教授会计知识的教育工作者，更应接受会计继续教育，以利其将更新更准的会计制度和会计处理传递给会计学生。同时，会计教师还多企业调研、锻炼，增加会计实务工作的经验。

第三节　现代会计教育思想及实现途径

一、现代会法教育思想

如前所述，教育思想是集体智慧的结晶，是意识领域范畴。关于现代会计教育思想，目前没有准确的表述，且具体内容也不统一。我们认为，现代会计教育思想，应是符合现代企业管理对会计管理要求的，符合现代会计理论研究和会计实践要求的。我们通过研究和实践后认为，现代会计教育应当树立“培养特色凸显的复合应用型专门人才”的思想。

（一）培养特色鲜明的会计人才

1. 会计“二重性”

关于会计的属性问题，国内学者主要有三种观点：会计具有鲜明阶级性；会计是一项技术学科；会计具有二重性，即既与生产力相关，具有技术性，又与生产关系相联系，具有阶级性。多数学者赞成第三种观点，认为会计是随生产力的发展而发展，并随生产关系的变革而不断完善。

我们培养的是无产阶级事业的接班人，在会计人才培养过程中，必须体现社会主义会计特点，遵守党和国家的会计法规、政策、制度。可见，社会主义会计人才培养，具有鲜明的阶级。

2. 思想品德教育

强化思想品德教育，是中国特色社会主义高等教育的政治要求。

（1）政治思想教育。在经济全球化过程中，高等教育在国家发展中扮演着越来越重要的角色。高等学校承担培养高素质人才的重要使命，加强大学生的素质教育，既是社会发展的需要，更是大学生全面发展的需要。会计学专业教育为经济和社会的发展培养各类会计人才，会计学专业的本科毕业生大部分都从事企业的会计工作，这项工作的终端是编制财务报告。财务报告是向社会各阶层人士提供企业财务状况、经营成果以及现金流量情况的有关信息。在市场经济中，财务会计提供的会计信息的作用体现为：降低投资者决策过程中所面临的不确定性，抑制决策风险，促使社会资源的合理性流动和社会资本的优化配置。会计学专业课程教学活动应适应这一要求，使学生的思想道德素质满足社会及会计职业的要求。

高等教育培养社会主义事业的接班人，会计教育是培养未来的会计工作者。会计工作的目标是为社会经济发展提供决策所需要的信息，而信息质量直接关系到社会经济发展的状况。这就要求高校培养的会计学专业人才，必须具备高尚的政治思想品德。

（2）职业道德教育。会计工作职业道德是会计人员在其职业活动中应遵循的、体现会计职业特征的行为准则和规范。在市场经济条件下，会计职业活动中的各种经济关系日趋复杂，会计人员职业道德的好坏，直接影响会计职能作用的发挥。只有使会计人员真正做到爱岗敬业、诚实守信、廉洁自律、客观公正、坚持准则、提高技能，自觉参与企业管理和强化服务，作为复合型人才的会计人员的整体作用才能真正得以发挥。所以，作为在校学习的准会计人员，必须加强职业道德教育，以满足会计职业的要求。

3. 职业教育

会计是一项职业性鲜明的职业，从业人员必须具有过硬的专业知识和技术，因此会计学专业人才培养应重视职业教育。会计学本科教育应将目标定位在培养实用性、可塑性强，掌握一定专业技术的“知识型劳动者”的起点上，应当为众多的中小企业培养动手能力强、素质全面的会计人才。在会计学本科教学过程中，基本会计理论教授是必要的，但更重要的是会计实践业务的传授，以保证培养的毕业生能够应对基本的、日常的会计工作需要。

4. 体现学校办学特色

会计学本科教育，各高校应突出特色。西华大学经过30年的探索和实践，在创立的“厚基础 + 显特色 + 重个性”培养模式基础上，根据财务管理和会计管理的“血缘”关系，注重与财务管理相结合，体现出与其他兄弟院校不同的特点，培养“有技术、懂管理、会核算、善经营、强操作”的复合应用型会计专门人才。另外，作为有工科背景的地方综合性大学，对会计学专业本科人才培养的突出特色定位并实践为：“工学背景、凸显实践、服务地方”。它们的关系是：“工学背景”是基础，“凸显实践”是手段，最后达到为地方经济建设培养合格人才、从事科研咨询服务为目的——“服务地方”。

（二）培养复合型人才

1. 会计教育是“通识”教育

关于高等会计教育应培养什么类型人才问题，理论界有“专才”与“通才”之争。持“专才”观点者认为，高等会计教育应是会计“专才”教育。理由有三：一是会计是实用性学科，操作性强，会计本身决定其专业教育方向必须是专业的；二是因教学时间所限不可能在“专”的基础上再“宽”；三是学生经过高考精挑细选出来的，原本就具有较高素质和较强能力，只要加以专业训练便可成为合格的现代会计人才。

持“通才”观点者认为，高等会计教育应该是“通识”教育，培养复合型人才。在会计实务中，往往要求从业人员了解单位业务性质、产品构造等一般知识与技能，以便有效地进行会计控制。由此可见，现阶段的高等会计教育，必须树立通识教育思想。

“通识”教育的目的是多方面的，首先是为了把学生培养成为一个合格的“人”和“公民”。大学生是一个“社会的人”，他除了专业之外还要承担许多社会角色，如家庭成员、社会成员等。作为公民，他对国家、社会的某些基本原则要有一种共同的认识，他要了解自己与他人、个人与国家乃至个人与自然的关系，理解自己的境遇和利益是如何维系于他人的境遇和利益，学会尊重他人与关心他人等，这些都是专业教育所不能完全给予的，却是“通识”教育的目的之一。

其次，“通识”教育的目的在于全面地提高大学生的知识文化素养，使其获得一个较为合理的知识结构。会计管理（包括会计核算、会计分析、会计控制等）工作，要求有合理的知识结构。

再次，“通识”教育的目的还在于给予学生某几种基本能力的训练，使其获得一个较为合理的能力结构。在人一生的生活、学习、工作中，会经常不断地用到某几种最基本的能力，这些能力不论学生从事何种工作，或选择某种生活，都是最有用的。

最后，“通识”教育的目的还在于培养大学生丰富高雅的情趣。“情趣”，简单讲是“情感”和“意趣”，它在人的学习和工作中的作用，正如物理学家杨振宁先生所说，在每一个创造领域中，品味加上学力、性情和机缘，决定了风格的高低，也决定了贡献的大小。我们认为如果在物理学中是这样，那么在会计学中也应如此。

2. 会计职业需要复合型人才

如今会计学专业和其他学科专业的融合越来越明显，专业界限更加模糊。也许在不久的将来，传统的会计工作将会消失，会计不仅只做“会计”，社会需要“通才”。这给我们的会计教育带来了一个新的课题，那就是大学要培养什么样的人才能适应这种变化？目前各大学会计学专业的培养目标日趋一致，那就是着重培养复合型的应用人才。

培养复合型人才，这是市场经济发展的客观要求。如何培养复合型人才，也是许多行业和单位都受到了重视的现实问题，在会计界也是如此。随着市场竞争不断地加剧，会计工作在企业管理系统中的地位越来越重要，传统的记账、算账、报账的“海记式”会计已不能适应现代企业管理的需要，而迫切要求将会计上升到企业战略管理的高度来认识和运作。

众所周知，会计人员是会计工作的直接承担者，他们的职权、地位、素质和工作水平直接影响着会计工作和会计信息的质量，会计人员的财务管理水平直接影响着企业发展的战略决策。这就要求会计人员要精通会计、税务、审计、财务管理的理论和方法，熟悉企业生产经营和财务管理的全过程。同时，还需具有全局观念、组织协调能力和对市场有敏感的洞察力，要有开放性思维和创新意识；还应具备较高的政策水平和解决实际问题的能力，能够真正当好企业尤其是大型集团公司领导的助手和参谋。为此，财政部从 2005 年开始直接组织高层次会计人才培训，计划培养和造就一批精通业务、善于管理、熟悉国际惯例、具有国际视野和战略思维的高素质、复合型领军人才，发挥会计人才在强化会计职能、宣传会计政策、组织继续教育、研究实务问题等方面的组织推动和辐射作用。无疑，这是促进我国会计队伍整体质量全面、迅速提高的一个重要举措。

但我国的“会计”是一个拥有数以万计的庞大队伍，单靠财政部的培训难以实现会计人员“复合化”，必须采取双管齐下：高等学校培养复合型会计人才；企业（公司）改造复合型会计人员。

3. 复合型会计人才培养

我们认为，复合型人才应当具备两个条件：一是德才兼备，善做事、会做人，不但业务能力强而且品行要好；二是具备完善的知识结构，要融合多学科、多专业。根据多年来对走出校园后的学生的调查情况表明，有所做出成就的人并非是考试得分最高者，而是综合能力强的人。

那么如何培养复合型人才呢？首先，要改变观念，要“开门”办学，要放手让学生去接触社会，掌握生存规则，让学生具备一定的免疫能力，只有这样才能适应社会。其次，要“以学生为中心”，在“知识传授”的同时重视学生的“能力培养”，让学生逐渐养成自我学习与不断更新知识的习惯。

世界是复杂的，尤其是在一个非常复杂的社会环境中，许多问题解决方法不是唯一的，而是多维的。会计知识传授也是如此，需要改革人才培养方式，改革教学方法实行案例教学、互动式教学等，教材中的知识点不一定都由老师去讲，可以让学生自学，去讨论，有些内容甚至可以让学生去讲。教师的作用是引导，让学生能动起来。

教育工作者和管理者，必须明确复合型会计人员应具备的能力，以便在人才培养方案设置和教学过程组织中予以充分考虑。从实际工作需要来看，合格的复合型会计人才除具备过硬专业能力外，还应当具备以下能力和素质：

（1）独立学习能力。信息技术的迅速发展推动了全球经济的一体化，企业所依赖的文化背景、法律环境、政治经济系统都处在不断变化之中，为了适应这种变化，使企业有效运作，对于处在企业管理核心地位的会计人员知识的更新就提出了非常高的要求。而要进行知识的适时更新，是否具备独立学习能力就成为会计人员成功的必备条件。这种学习能力包括两层含义，一是专业知识的深入学习能力，二是综合知识的博览学习能力。若把前者叫专业水平，则后者可称为复合能力。例如，会计人员不仅要有扎实深厚的基本业务知识，熟悉本国的法律、法规、政策，还必须掌握国际贸易、财政金融、信息处理等相关知识，不断学习国际上通行的财务会计、管理会计、财务管理和审计知识，了解其他国家相关的法律、法规、政策。只有这样，会计人员在公司营运资本管理、战略投资决策、长远规划等方面才能出谋划策，尽职尽责。

（2）创新能力。计划经济时代和市场经济初期，严格的会计制度是会计人员对经济活动的处理方法、选择和判断空间限定在一个狭小的范围内，一般会计人员只要按规定处理业务、编制报表，就基本能够履行会计职能、完成会计任务，这也因此养成了很多会计人员“照葫芦画瓢”的习惯。而随着全球经济一体化和知识经济的到来，会计规范变得灵活起来，选择空间增大，很多会计人员就变得无所适从、不知所措了。所以，具备创新能力，对于现代会计人员来讲必不可少。具体可归结为两个方面，即会计核算方法创新和会计管理思想创新。前者如会计人员应积极思考如何对“人力资源”进行核算，如何将“人力资源”纳入函数分析，研究报表应当披露哪些非数量化、非货币化的信息等。会计管理思想创新，即会计人员在筹资理财、内部控制、责任成本、项目决策等方面，应为企业提供建设性、可操作性的信息与建议，比如在项目管理中，成本费用及未来收益如何科学合理确认计量等等。

（3）现代信息加工、整理及分析能力。计算机技术在会计学中的应用，使会计处理技术发生质的飞跃，不但结束了数百年来既定的手工账务处理历史，实现了无纸化的记账、算账、报账，而且还逐步替代人工进行会计信息的分析、预测和决策，从而实现了会计核算手段的革命，即“手工会计核算—电算化会计核算—网络会计核算”的变迁。

可以预测，不久的将来是网络会计及其普及和繁荣的时代。在那时，网络化将是企业财务会计信息输入、加工、输出的主要作业形式，网上信息处理、传送、存储将成为一种最为普通的财务信息生产与消费方式。当每个企业（公司）有独立的网址情况下，将财务会计信息放在网页上外公布，消费者从网上就可以自主浏览获得需要信息。对于跨国公司而言，还可实现全球领域的信息共享。因而，届时的企业只有融入网络会计发展的主流，通过网上在线服务方式，以快速、高效、安全地提供财务信息，满足不同层次消费需求和信息共享，才能满足企业和社会发展的需求。

所以，作为财会人员必须清醒地认识到，在网络会计时代对会计人员信息加工、整理、分析技术能力有特殊要求，学习、钻研计算机知识，提高会计电算化的理论水平和实际操作技能，掌握现代信息加工、整理、分析技术，是增强自身的岗位竞争能力和服务于企业的需要，并且有利于加快企业会计网络化的发展进程。

（4）风险意识。在全球市场经济一体化下，必然会给企业经营带来许许多多风险，诸如股市变动、股份调整、汇率变化、利率变动、材料价格变动、产品需求变动等风险。有风险就需求有风险规避措施，这要求财会人员具备较强的分析、判断和决策能力，树立风险意识，合理、充分运用各种管理方法和各种金融工具，有效防范、规避风险。会计具有反映和控制两大基本职能，相应会计人员应具有两大基本：一是进行会计核算一日常在做好记账、算账基础上，定期向投资者、债权人等充分披露企业财务状况、经营成果和现金流的信息；二是实施会计管理——通过成本控制、风险控制、资本预算、业绩考核、战略管理、营运资本管理、跨国投资决策、跨国营运资本管理等一系列方法，来实现对企业

经营活动的控制和风险规避，达到提高经济效益的目的。可以这样说，对企业经营发展与效益风险的重视、确认、控制、规避是现代会计人员不可缺少的素质，也将是未来会计发展必将显现的一种职能，甚至将比人们已认识的反映、监督、控制、分析、预测、决策职能更重要。

（5）诚实守信品格。在信息经济时代，会计信息通过互联网展现成为可能和必要，信息使用者（如投资者、债权人、供应商、客户等）可上网查询自己所需的信息，因此，任何单位的会计信息都要经得起公众监督，信息真实可靠成为焦点。

因此保证信息的真实可靠除了对企业经营者、所有者采取相关治理措施外，还必须要对会计人员进行思想教育，要求会计人员以职业道德为准则，鼓励、引导其以社会认可、统一的价值判断为标准来处理业务，为企业提供优质服务。当然，这也就意味着会计人员要以诚实守信的品格作为自身行为的定位器和总开关，以认真负责的态度对待自己的职业。

如果说培养复合型会计人才是高等学校职责和任务，那么改造复合型会计人员就是企业（公司）、事业、机关团体单位的义务，必须抓好两项工作：

第一，加强会计人员继续教育。会计人员继续教育是会计管理工作和会计队伍建设的一项重要内容，是提高会计人员政治素质、业务素质的有效手段。为保证会计人员的业务知识和技能不断地得到更新、补充、拓展和提高，应以行业协会牵头为主，定期组织会计人员进行相关培训。作为企业，则应积极鼓励或组织会计人员通过自学、脱产外出培训或内部培训等方式来提高业务素质水平。会计人员继续教育的内容，不应仅仅包括专业知识，而应围绕前述能力和素质来展开。会计职业是一个终身学习的职业，因为会计政策、税收政策是

随着经济形势的发展而不断更新和完善的。会计人员要想适应经济的发展，就要及时调整自身的知识结构，不断地积累和总结工作经验，不断学习新知识。只有这样，才能更好地适应社会经济的发展，更好地为企业的经营管理服务。

第二，鼓励复合型会计人才脱颖而出。复合型会计人才的培养，仅靠外部力量是不够的，还应该充分调动会计人员自身的主观能动性，鼓励他们主动学习、不断钻研、自学成才。政府主管部门、行业协会或企业应制定相关政策或制度，对卓有建树的复合型会计人才给予表彰和必要的奖励。鼓励政策、制度或措施应根据不同地区、行业的实际情况进行制定。

（三）培养应用型人才

1. 凸显实践教学

从近年会计人才就业市场看，用人单位需要的是理论基础扎实、专业实践技能强、上岗适应能力快的毕业生，但现实的会计学专业毕业是专业知识把握水平差，尤其是对会计实务的动手能力较弱，不能满足用人单位的要求。因此，应将用型人才培养作为会计教育目标之一。强化实践教学，是培养应用型人才关键。

会计实践教学包括练习、实验、实训、实习等。会计实践教学体系设计应以校内实验环节为基础，以校外实习环节为补充，以校内外科研环节为力度，以手工和电算化两种形式为手段，形成由浅入深、由低到高的全方位、多角度的教学体系。从教学管理层面上讲，当前各高校真正落实会计实验，是实验教学管理的首要任务。可以说，会计实验在整个应用型会计本科人才培养过程中具有特殊意义。

（1）会计实验是会计教学的重要环节。会计学科是一门理论性、实务性强，要求学生具有独立分析和判断问题的能力，以及具有处理实际问题技能的学科。学生仅是通过学习教材的专业理论知识，很难全面掌握会计基本方法和基本技能。只有通过会计实验教学才能使学生增强实际动手能力；使学生具备良好的工作态度与思维。所以，会计实验教学是会计教学的重要环节。

（2）会计实验是会计理论与实务全面、迅速结合的有效方法。现阶段，大部分用人单位都很强调“务实”，一旦被招聘就要求立即上岗工作。因此，开设会计实验课，通过模拟、仿真财务科资料学习操作，促使学生全面、系统、快速地掌握企业生产经营程序和会计核算方法。

（3）会计实验能提高教学效率，激发学生学习积极性的重要手段。传统考试一般是以理论与理论化的实务为主，且考试的试题对那些实践性、主观性较强的内容往往回避，而恰恰这些回避的内容才是实际当中最常用、最重要的内容。因此，传统的考试模式不太适合于考核会计课程的学习效果，应把会计实验作为考核会计学习的一种重要手段。

（4）会计实验有助于毕业生就业。会计教育必须要重视会计实验教学，让学生通过会计实验的“实战演习”与“强化训练”，成为一个有经历、有实际操作能力的潜在会计职业者。

2. 技能教育

会计技能包括会计专业技能和会计职业技能。

（1）会计专业技能。是指会计学专业人才培养要达到的技术和能力的基本要求。一般由专业知识、能力、素质结构要求组成。

①知识结构要求。会计学专业学生应掌握基本的思想政治理论知识、计算机应用知识、管理学知识、会计学知识、金融证券知识、统计学知识、审计学知识、法律知识等。

②能力结构要求。会计学专业学生必须具备的专业能力如下：

会计业务核算能力一掌握会计的基本理论知识和基本技能以及企业日常业务的会计处理，熟练填制凭证、登记账簿、成本核算和编制会计报表，并取得会计从业资格证；

税务业务处理能力 了解国家税收的有关法规，熟悉各税种的征收和计算，能够进

行纳税申报和各种税务处理，掌握税务分析和筹划；

资本运营管理能力——熟悉资金的运营管理、销售及利润的预测，能进行

产品定价和投资决策，预算控制和成本控制，掌握筹资和融资以及股利的分析方法；

统计调查分析能力一掌握国家宏观经济政策，熟悉统计学的原理和方法，能进行统计调查分析获取资料，并对资料进行加工，撰写调查报告；

审计能力——能确定审计目标、制定审计计划、收集审计数据，熟悉内部控制制度，掌握审计抽样分析方法和评价，提出审计意见并进行审计报告的撰写；

财务软件运用能力一掌握财务软件的功能，熟悉财务软件的流程，能进行财务软件的初始化，运用财务软件进行日常处理，运用财务软件编制会计报告；

财务分析与管理能力——掌握会计分析的一般方法和管理学的基本原理，能根据会计资料并结合企业实际找出问题、查出原因，并为改善企业经营管理提出意见或直接参与企业管理。

③素质结构。会计学专业学生必须具备的专业素质如下：

政治素质——具有良好的思想道德素质，践行科学发展观，懂政策，有法律意识；

思想品德——爱祖国、爱人民，遵纪守法，文明礼貌，行为规范；

文化素质一具有一定的文化艺术、文字功底和文学素养；

身心素质一具有健康的体魄、良好的行为习惯、健全的人格和良好的心态；

团队协作精神——具有团队精神、协调能力、组织管理能力、执行能力；

务实创新精神——工作扎实，能不断创新工作思路和方法；

职业道德意识一遵守会计行业的道德规范，具有严谨细致的工作作风。

会计专业技能是会计学专业学生毕业的基本要求，是人才培养方案的基本内容之一，属于会计能力教育范畴。

（2）会计职业技能。是指从事会计职业必须具备的基本技术和能力要求。会计职业技能包括：会计理论水平、会计实务能力、职业判断能力、自动更新知识能力、沟通交流能力以及职业经验等。

从完成会计管理工作要求来看，会计职业技能可以归纳为两个方面的内容：一是完成专业工作所需要的知识；二是完成专业工作所需要的技能和经验。随着市场经济的发展，会计职能不断丰富，会计工作也变得日趋复杂。会计人员不仅要面对企业经营中不断涌现的新的经济事项，依据有关规定，做出专业判断，并对该事项进行记录和反映，而且还要向企业决策者提供决策的备选方案。

精通专业知识与技能是会计职业道德教育得以存在的前提。对在校学生而言，会计职业技能的培养，主要由会计职业道德教育完成。

在校学生应强调专业技能培养。因为，会计学本科教育不是培养现实会计职业者（这是职业培训机构的任务，属于继续教育范畴），而是培养潜在会计职业者。

二、实现现代会计教育思想的途径

（一）从教育目标来看

要更新会计教育思想，其中最为关键的是确立一个正确的会计教育目标。现行的会计本科教育目标必须改革。21 世纪会计教育的目标要求劳动者不仅具有较高的综合素质，还要具有好奇心和持续不断的创造能力。我国会计本科教育应当在充分注重拓宽基础的前提下，在强调专业教育的同时，要注重通才教育，扩大学生在校期间的专业知识面，培养学生独立分析、解决问题的能力和创新意识。同时，要培养具有多方面素质和能力的复合型人才，使会计本科生具备实用性、创造性、外向性、通用性等质量特征。这就是我们提出的会计教育目标：培养复合应用型专门人才。

（二）从教育内容来看

高等会计教育目标必须通过教育内容的设置来具体实现。会计教育内容设计要遵循四个原则：第一，要满足社会的要求；第二，要适应会计学科发展的需要；第三，要注意开发学生的智力和潜能；第四，要重视学生的诚信教育，灌输道德标准和敬业精神。会计本科教育的内容必须满足未来经济、文化、科技发展的需求，探索21世纪会计人才的知识结构和学科发展趋向，并将它充实到课程体系中去，以适应会计环境的变化。要围绕21世纪会计本科教育目标，从整体上考虑各门课程之间的联系，建立合理的课程结构，进行有效组合，以产生“整体功能大于部分功能之和”的教学协同效益。同时，要通过课程的集约化和集成化，以有限的课程门类来覆盖日益扩展的知识领域，包括日益增长的知识量。要重视个性教育，使学生具备长期发展的能力。在课程体系的设置方面，应着眼于内在的智力价值，使学生有较深的智力参与度，从而将知识内化为自身的素质和能力。

（三）从教育方法与手段来看

随着现代信息技术的飞速发展和会计管理职能的日益加强，会计学科已经成为集理论、实践和信息技术于一体的综合性学科。在会计教学中必须转变教学观念，由以教师为中心转变为“以学为主体、以教为主导”，体现教学过程中教与学的辩证统一关系。古人云：“授人以鱼，不如授人以渔”。事实证明，自主性学习方式对知识掌握的牢靠度往往比灌输方式强。书本知识并不难掌握，教师不能只是做单纯的知识讲授人，而要做学生的引路人。要充分利用计算机网络和计算机软件，推广演示教学、案例教学以及研究式、互动式、协作式、交互式教学等新的教学方式，使教学方式由单一向多元方式转化，让学生积极主动地参与到整个教学过程中，使学生在掌握书本知识的同时，培养学生的独立学习能力，最大限度地开发学生的智力，挖掘学生的内在潜力，提高学生吸取知识、探索知识的能力，培养学生的创造性思维和创新能力。

（四）从教育环境来看

随着我国会计规范实现全球趋同、会计参与全球竞争步伐的加快，会计教育的国际化问题也日益凸显，如何实现会计人才培养与全球化经济的互动已经成为刻不容缓的任务。

格拉格早就指出，管理（包括会计）教育应该培养适应重要管理职位的毕业生，他们应具备的能力包括：洞察事物潜在含义及关系，做出基于上述认识的合理有效判断，并具有将其判断与他人交流、采取行动并达成期望结果的技能。结合我国及世界范围当前经济形势的分析，在充分考虑教育为社会经济、政治发展服务和会计教育自身规律的基础上，确定会计教育的使命，是我国会计教育模式选择过程中非常重要的一步。

一方面，我国应积极跟踪全球会计教育模式的演进，将专业学位教育发展成为培养会计人才的主要基地，按照宽口径培养应用型、复合型会计人才，直接面向市场，课程内容密切结合实际，针对性强。

另一方面，在会计教育追求国际化的同时，课程设置和教学内容必须充分体现本国国情，使培养出的学生首先在本国企业和市场中具有竞争力，然后提升中国企业的国家竞争力，带领本国企业走向世界。

总之，高等教育国际交流、合作与融合是一种发展趋势，高等教育国际化趋势是一个动态的过程，在这一发展过程中，应注重高等教育在国际交流、合作中相互借鉴和吸收，强调交流合作的平等性和自愿性。

（五）从教育评价来看

考评对学生的学习起“导向”作用，现行的考试方式主要是考查学生掌握知识员的多少。在大众化教育下，教育的重心已转向素质和技能的培养，相应教学方式也由重视结论转向注重过程，因此，用一次或两次考试判定学生能力，这种评价方式不适应当前新形势下会计教学的要求。对学生的教育评价要体现系统化、动态化、多样化。具体应做到：

（1）评价内容要全面。通过考试和考查两个环节来了解学生所掌握知识的程度。其中，以考查为主，且在教学过程中随时进行，包括课堂提问、小组讨论、实践活动、案例分析、科研创新、各种作业等，通过这些内容来反映学生的能力高低和参与程度。

（2）评价过程要动态。在教学过程适时进行评价，师生互动总结经验，调整方法。

（3）评价指标要系统。评价指标要覆盖反映学生知识、素质、能力的各个方面，在制定考评标准时，要重实效而不重形式，在保证公平、合理的前提下，重视学生个性的发展。

要提高会计本科教育质量，对教师的评价也十分重要。只有恰到好处地评价教师，才能更好地调动他们的积极性，全心全意为本科教育服务。我们认为，高校应保证教学在高等教育中的核心地位，适当资助和奖励从事课程创新和开发，进行教学实验、教学研究和积极探索新教学方法的教师。在优先保证教学的基础上重视科学研究，实现教学和科研的互动与互进。

第四节　会计教育理念概述

一、教育理念的含义

1. 理念

理念作为一个哲学概念，最早提出的是古希腊哲学家苏格拉底，他认为“理念作为模型存在于自然之中”“每个理念只是我们心中的一个思想，所以只有单一的理念”（颜一，1997）。柏拉图提出：“感性事物是按理念来命名的，因理念而得名的，人应当通过理性，把纷然杂陈的感官知觉集纳成一个统一体，从而认识理念”（教研室，1981）。即“理念”是永恒不变而为现实世界之根源的独立存在的观念实体。康德认为，“理智概念的使用仅仅是内在的，即关于经验的，仅就经验之能够提供出来说的；而理性概念是关于完整性的，即关于全部可能经验之集合的统一性的，这样一来，它就超出了任何既定的经验而变成超经验的”（韩延明，2003）。这种区分显见旨在说明感性、知性、理性三种认识阶段之间的关系。黑格尔是最早对“理念”进行了集中讨论，他认为，“理念是自在自为的真理，是概念和客观性的绝对统一；理念自身就是辩证法；理念本身就是一个过程”（教研室，1981）。可以说，这是理念公认的、最权威的解释。

《辞海》指出，“理念”为旧哲学之名词，指观念或思想，是理性领域中的概念，指向事物的含义和本质。《新现代汉语词典》将“理念”注释为“观念，如民主理念，人道理念，经营理念”（王同忆，1992）。事实上“理念”可以看作是一个能反映某类事物或现象中每个个体或个别现象的普遍概念，它既包含认识、思维、价值观、信念、意识、理论、理性、理想等，又涵盖诸如目的、目标、宗旨、原则、追求等抽象思维的表现物。

2. 教育理念

教育理念是一个总体性的称谓，涵盖一切关于教育问题的理念体系。宏观的教育理念泛指关于教育发展问题的理念，如教育产业观、教育先行观、教育结构观、教育效益观等。微观的教育理念泛指关于教育过程问题的理念，如教育目的观、教育实践观、教育对象观、教育课程观等。

现代教育理念含义广泛。现代教育发展的一个重大趋势就是教育生活化与生活教育化，即教育与生活的重新结合。教育生活化是指教育要关注学生的生活，与学生的生活世界密切联系起来。而生活教育化则是指寓教育于学生的日常生活之中，注重学生的日常生活情景的教育性，使学生在他日常的生活世界之中受到教育。与生活教育化相适应的便是终身教育。

21 世纪教育的特点是终身教育，这是人类进入信息化社会的必然结果。人类无论是对信息进行选择和判断，还是快速更新知识，都必须一生持续不断地学习。大学教育是社会精英人才发展的起点、生长点和前提，在终身教育体系中具有最重要的作用。所以在大学教育中要做到：培养一生受用的学习习惯；培养做事、解决问题的能力和永不磨灭的求知欲；培养一生不变的正直、勤奋、善待人与自然的品格。也就是要求学生做到学会学习、学会思考，乐于不断地获取知识，主动探索问题，善于收集、加工各种信息，制定适合自己的发展计划。

终身教育是现代教育的一个基本原则，正规的学校教育再也不能为人们一次性地提供终生享用的知识。《学会生存》从教育与社会的关系角度提出："一个社会既然赋予教育这样重要的地位和这样崇高的价值，那么这个社会就应该有一个它应有的名称——我们称之为学习化社会"。所谓学习化社会也就是受教育者越来越不成为对象，而是越来越成为主体，教育主题不再是从外部强加在他身上的东西，每一个公民都享有在任何情况之下都可以自由取得学习、训练和培养自己的各种手段。教育不再是一种义务，而是一种责任。因此，只有在学校教育中培养学生良好的学习方式，才能使他们在未来的生存中适应学习化社会对公民的要求。

二、高等教育理念

高等教育理念是人们对高等教育活动的总体看法，是人们关于高等教育活动的基本观念，其核心是指人们对一些高等教育基本问题（包括高等教育是什么、如何存在、怎样发展等）的价值判断和识别。

高等教育理念事实上是一个分层次的综合观念体系，它们分别是关于“高等教育应然状态”的价值取向——高等教育是什么；关于“高等教育必然状态”的现实判断——高等教育如何存在；关于“高等教育实然状态”的实际选择——高等教育怎样发展。这样，关于高等教育三个最基本问题及对应的回答，构成高等教育理念的不同层次。对“高等教育是什么”的回答，是对高等教育的一种定性认识，是人们对高等教育机构（即大学组织）的性质认定，是受价值或抽象理性支配的，属于本质论的范畴；对“高等教育如何存在”的回答，是对高等教育的一种定形认识，是人们对高等教育机构（即大学组织）形式的认定，是由高等教育自身内在逻辑理性决定的，属于存在论的范畴；对“高等怎样发展”的回答，是对高等教育的定型认识，是人们对高等教育不同时期应采取策略类型的认定，是结合实际并由实践理性引导的，属于实践论的范畴。

中国的高等教育发展历程是伴随着中国文化的发展而发展的，其教育理念也经历了一个漫长的发展过程。由于历史和现实诸多因素的制约，我国的高等教育既面临着良好的发展机遇，同时也面临着前所未有的挑战。高等教育的理念创新，是高等教育创新的先决条件，关系到我们高等教育的质量和参与世界竞争的能力，对于解决目前我国高等教育发展中存在的问题，促进我国高等教育健康发展，具有十分重要的现实意义。

高等教育的良好发展应该有良好的教育理念加以引导。我国的高等教育要想得到更好的发展，其教育理念必然也要有所创新。当前我国高等教育的发展应当树立以下几种理念：

1. 人本理念

培养高质量的人才是高等教育的根本宗旨，是高等教育的出发点和落脚点。我国著名教育家梅贻琦曾说过：“办学校，特别是办大学应有两种目的：一是研究学术；二是造就人才。教学与研究的最终目的是关注人的成长，促进人的发展，达到智慧、理性、人格、尊严的完美结合。大学也正是为这样的使命而设计的。”高等教育确立以人为本的理念，就是在办学上要以教师为本，保障教师的基本权利，发挥教师的主体作用；在教育上要以学生为本，培养德、智、体全面发展的社会主义新人。

高校教师是高等教育发展的主体，教师的水平、素质乃至积极性的发挥均决定着学校的发展。以教师为本，就是要确立教师的主体地位，树立教师的主体意识，发挥教师的主体作用。学校要通过建立完善的激励机制和人才保障机制，为教师创造良好的学术环境和宽松的学术氛围。在学校管理方面，要充分发挥教授委员会、学术委员会、教师代表大会的作用，使广大教师主动参与学校管理决策；要树立服务意识，高校的管理者除了体现必要的人文关怀之外，还要注重教师的价值，挖掘他们教学、科研的潜能。

高等学校坚持以学生为本，必须做到充分尊重学生，树立以学生为中心的观念，要把培养学生健康成长、成才作为学校工作的中心。为此应该做好两方面的工作：

一是要加强道德教育，引导学生树立正确的世界观、人生观、价值观。大学教育应当关注人在教育中的主体地位，将人格教育贯穿大学教育的全过程，培育学生具备健全的人格、高尚的情操，以及良好的认知能力，使其能充分发展潜能，实现自我价值。

二是要树立全面的人才观，增强学生的创新精神和实践能力。现代高等教育要努力探索个性化的教学方式，在课堂教学中，要坚持理论与实践相结合的启发式教学，培养学生自主学习的能力；在学科设置上，尝试打破学科界限，实行文理渗透，培养学生多方面的兴趣；在人才培养上，坚持专才与通才相结合的原则，使受教育者既有广博的多学科知识背景，又有精深的专业研究领域。

2. 质量理念

随着我国高等教育从精英教育步入大众教育，很多高校在办学规模和师资力量等方面取得了很大的进步，管理相对滞后的矛盾也逐步得到了解决。但仍然没有形成统一的质量标准，质量评估体系不完善。高等教育质量的提高，是教育行政部门和高校管理者都必须面对的课题。要提高高等教育的质量，应该努力做到以下几点：

首先，要在办学中强化质量观念，创新教学模式和运行机制，减少教学活动中教育资源的浪费，降低教育成本，在教育经费有限的条件下，实现数量和质量的稳定发展与可持续发展。

其次，要建立统一的质量评估标准，通过成本与效益分析，提高办学的经济效益和社会效益。高等教育的质量标准应包括的内容为：一是标准的均衡化。高等教育的质量标准，要在扩充规模的同时，坚持较高的学术质量，不断提高教学水平和科研能力。二是标准的客观化。质量评估标准的确定，要符合客观实际，具有现实操作性和可行性。高等教育的质量评估过程中，要坚持定量分析与定性分析相结合的原则，保证评估结果的客观性。三是标准实用化。高等教育的质量标准要适合社会发展的需要，应当从满足经济社会需求、满足人民群众需求的角度评价高等教育的质量，坚持“规模、结构、质量、效益”有机统一的原则。

最后，要建立高等教育质量年审制度，定期组织专家对高等教育质量进行调研评估。要把单纯的数量发展观转变为以质量为主的质量与数量相结合的发展观，变急功近利的发展观为以人为本的科学发展观。真正树立起质量第一的理念，才能建设一流的大学，培养一流的人才。

3. 社会化理念

实现高等教育理念创新，要改变以往那种过分限制高等教育发展的策略，大力提倡社会办学，综合利用各种社会资源，形成政府引导、多方参与、集资共建的社会化办学理念。高等教育的社会化主要有以下两个方面的内容：

首先，高等教育的持续发展要依靠社会的支持。有专家指出，高等教育是产业，这是无须争辩的事实，我们应当建设和完善教育市场，应尽快面向全国，面向世界，大力发展教育产业。要尽快树立高等教育产业理念，实现科学化经营管理，才能有效地经营高等教育，合理配置教育资源。需要注意的是，高等教育社会化与完全产业化有本质区别，不可按纯粹的市场化运作模式来经营高等教育，因为教育作为一种公共物品，是由社会和政府投资的特殊产业，具有非营利性、非排他性的特点。社会化的途径应该是在办好大学的基础上，通过鼓励社会办学，吸纳社会资金的方式，大力发展民办教育和职业教育，从而促使高等教育步入可持续发展的良性轨道。

其次，高等教育要服务于社会。高等教育行政主管部门要按照人才市场的需求来确定学校的规划、专业的设置和招生数量的增减。这就要求高校像企业一样，做好必要的人才市场调查和市场预测工作。高校领导要准确理解国家人才政策，通过实地调查研究掌握社会人才需求的情况。只有准确把握人才市场需求信息，准确掌握人才需求结构、层次，才能为社会提供急需人才。在高素质人才的培养上，高等教育不同于基础教育，要坚持学以致用的观点，要注重学生的实践能力、创新精神的培养，造就一大批理实结合、广深兼备的复合型人才。同时，高等教育要主动参与社会发展，通过科研合作、设立实习与就业基地、订单培训学员等方式，与企业、社区、民间组织保持密切的联系；高校师生可定期到合作的企事业、科研部门去调研实践，而企事业、科研部门的领导和专家亦可受聘到大学讲学，使高校与社会之间形成良好的互动关系。

4. 开放化理念

早在 20 世纪 80 年代，邓小平同志就提出了教育要面向现代化、面向世界、面向未来的战略指导方针，也是 21 世纪中国高等教育深化改革的行动指南。现在的世界是开放的世界，中国的发展离不开世界。高等教育要树立开放化的教育理念，只有这样才能积极参与国际教育竞争，从而进一步提升我国高等教育的综合水平。树立教育开放化理念，就是要把眼光瞄准世界，参与国际竞争，广泛开展国际交流。同时还要积极引入市场机制，深入开辟国内外教育市场，在国际教育服务中发挥更为显著的作用。在人才培养方面，高校要有一个开放的视野，要树立国际化人才观，培养国际型人才。这就要求重点培养大学生的国际交往能力，通晓国际惯例和国际经济贸易法规，使他们在国际经济与贸易的交往中应对自如，更好地为我国的国际交往做出贡献。

三、会计教育理念

教育理念是教育活动中应坚守的原则、信念或追求的理想，是实现教育目的的思想保证。科学的教育理念能够正确地反映教育的本质和时代的特征，明确教育的方向。会计学本科教育理念决定着会计学本科教育的培养目标、培养的模式、教学的课程体系与内容以及教学的方法与手段。明确教育的理念是进行我国会计学本科教育改革的首要任务。

会计教育理念是指在会计教育过程中，所涉及的教育基本问题的观念的总称，如会计教育目的观、会计教育目标观、会计教育体系观、会计教育素质观、会计教育能力观等等。

在会计本科教育中，树立适时、正确的教育理念，是当前教学改革的重要任务之一。在当前新形势下，适时、正确的会计教育理念，应当体现以下特征：

（1）注重于培养知识全面的高素质专业人才。会计教育应当在培养专业意识的基础上，拓宽知识口径，扩展学生基础知识范围，使其具备较为扎实的会计学、管理学的基础和较为宽广的考察经济现象的视野，真正构建起金字塔式的定量与定性描述相结合的知识结构，以适应未来日趋复杂的会计工作需要。

（2）培养学生的思考能力、沟通能力、创造能力。学生在学好专业知识的同时，更应当学会如何运用这些知识处理纷繁的事务。企业的会计人员将不再是仅仅担负着核算、监督等功能而是能提供五大核心服务。其中五大核心服务分别为：确认性服务与正确资讯、技术服务、管理顾问服务与绩效管理、财务规划以及国际化服务。

（3）与社会经济的需要密切联系。会计教育应本着为当地经济发展服务的思路，在课程设置上开设一些有地方特色的课程或讲座，为学生今后更快地融入社会打下一定的基础，学生的适应性将得到大大提高。

第五节　传统会计教育理念的弊端

一、传统会计教育理念含义

教育理念是教育思想家及整个民族的教育价值取向，中国教育发展历程一直受到中国传统教育理念的巨大影响。

根植于自身文化传统的中国传统教育，其教育理念无不折射着中国传统文化的基本特点，这就是孔子所创立的一套具有强烈实践性特征的合智德、通内外的教育理念系统，即合智培养与道德培养为一体，贯内在心性教化与外向达行于一身的“文化化的教育”。21世纪中国教育现代化的唯一选择即是：在对中国传统教育理念进行创造性转换的基础上，实行科学化的人文教育和人文化的科学教育的有机结合。

传统会计教育理念是指传统会计教育过程中所涉及各种教育观念的总称。其中，师道尊严、应试教育、专款专用等，就是典型的传统会计教育理念。

二、传统会计教育理念特点及弊端

传统会计教育的特点很多，其中突出的表现在：注重理论，联系实际少；知识面狭窄，学生不会主动学习非课本上的知识；教学模式是以教师为中心，以教科书为依据；会计职业道德教育不够。

我国传统会计教育理念主要存在以下几方面的问题：

1. 重理论，轻实践

偏重传授会计专业知识，忽视对学科的总体认识以及学科之间的联系，学生视野狭窄。这种格局与经济发展快速多变的特点是不相适应的。传统会计教育理念中，过分强调学生学习会计专业课，而忽视对其他课程的学习。这就导致学生知识专业化，但是思维片面化，考虑问题多限于会计理论视角。有的毕业生虽然在学校学到了大量的会计理论知识，却不能适应企事业单位的需要。

2. 重知识，轻能力

偏重传授知识，忽视学生自学能力的培养。大学主要功能在于传授知识，而且主要是通过教师去传播的观念在社会上仍有很大市场。目前，我国高校会计课堂教学，缺乏应用知识和创新知识的能力。

3. 重传授，轻应用

偏重教会学生理论知识，忽视了教会学生如何应用这些知识。在这种教育模式下，学生也许学会了怎样编制分录、怎样编制报表，但在如何利用这些生成的信息去解决日益复杂的企业与会计问题，就显得有些不足。

4. 重学历，轻执业

会计学是一门职业性很强的学科，实施从业资格准入制度。传统的会计教育观念认为，会计资格证考试不属本科教学范畴，是职业培训的内容，这显然忽视了本科毕业生就业时入门槛的需要。

5. 重业务，轻素养

对会计职业素养的培养和职业道德的教育表现不促。会计工作是精密、艰苦和枯燥的工作，要求会计从业者具有一丝不苟的作风和吃苦耐劳的精神。但高校对学生会计职业素养的培养有所欠缺，导致毕业生在会计职业素养和职业道德方面的素质往往达不到用人单位的要求。

6. 重教师，轻学生

传统的教学模式是以教师为中心，以教科书为依据。在这种模式下，教师按部就班地一章一节地讲授书本知识，等到课程结束时学生也不一定能够形成对该门课的一个总体认识。

第六节　现代会计教育理念及实施途径

本科教育是高等教育的主体，在人才培养中起着基础性的作用。在新的会计教育环境下，在科学的发展观引领下，如何正确确立会计学本科教育的理念，并以此为基础进行会计学本科教育的改革，对于促进我国会计学本科教育的办学水平，提高会计学本科教育的质量，使所培养的会计学本科人才适应国家经济建设的需要，乃至进一步发展我国的会计教育事业，提高整个会计教育的人才培养水平均有举足轻重的影响。

一、会计教育理念改革

1. 会计教育理念改革的必要性

社会经济发展对会计教育理念提出了新的要求。随着社会经济的发展，我们正面临着企业环境和会计行业本身的快速变化，会计职业界提供的服务范围越来越广泛，专项服务越来越专业，业务创新层出不穷。相比较而言，会计教育长期以来却无大的变化。外部环境的变化促使会计教育进行改革，以缩短教育与实务的差距。

（1）从社会需求看。根据对会计师事务所所做的调查发现，在事务所的第一次面试时，最重视的因素依次为应试者的综合平均成绩、会计工作经验、业务操作能力等。而对会计师的调查显示，目前学校会计教育最应有效加强的会计课程依次为税务学、审计学、财务会计学、成本会计学、营销管理课程等。这些需求有的是我们已经满足了的，而有些则是我们做得不够的。

（2）从经济发展的趋势看。21 世纪是知识经济的时代，随着知识经济的发展人们需要不断地创新，包括创新技术、创新制度、创新管理、创新理论以及各种创新的相互结合。只有持续创新和全面创新，才能保持经济的不断发展。发展知识经济，需要培养具有创新能力的人才，而传统的会计教育对学生的创新意识、创新能力的培养是非常匮乏的。

（3）从会计职业的要求看。发达国家对进入会计业界的新人提出了三项核心素质能力要求：一是专业职能素质，包括建立决策模型、评价风险、选择相关可靠的度量标准、报告、研究等方面的能力；二是人格素质，包括适合会计行业的个人特质、解决问题和作出决策、与人合作、沟通、领导、项目管理等方面的能力；三是宽广的商业视角素质，包括全球视角、战略思维、行业观念、市场 / 顾客导向、资源管理、法律观念等方面的能力。会计职业界对会计人员要求的压力也促使会计教育的变革，要求会计教育界从自身内部进行会计课程的战略性重构。

2. 会计教育理念改革的目标

在传统教育理念中，教师的角色就是“传道、授业、解惑”，全面主宰学生的学习，重知识传授，轻能力培养。这种理念已不能适应经济社会发展的需要。随着知识经济的到来，社会对人才培养模式提出了新要求，“学会认知、学会做事、学会共同生活、学会生存”是现代教育的四大支柱。因此，教师要树立培养受教育者全面素质的新理念，即培养以满足社会需求为导向，面向市场经济环境，适应各类企业需求的具有开拓精神和创新意识、具备良好职业道德的知识全面的高素质会计人才。教师在更新教育理念的前提下，应树立以学生为主体的意识，积极参与教学方式的改革，建立积极引导的主动探究的教学模式，处理好知识传授与能力培养的关系，引导学生质疑、调查、探究，在实践中学习，教会学生获取知识和分析、处理信息的能力，促进学生主动、快乐地学习。

改革后的会计教育理念就应具有以下基本特征：

（1）培养知识全面的高素质专业人才。21 世纪的会计教育，应当在培养专业意识的基础上，拓宽知识口径，扩展学生基础知识范围，使其具备较为扎实的经济学、管理学的基础和较为宽广的考察社会经济现象的视野，真正构建起“金字塔”式的定量分析与定性描述相结合的知识结构，以适应未来日趋复杂的会计工作需要。

（2）提高学生的思考能力、沟通能力、创新能力。学生在学好专业知识的同时，更应当学会如何运用这些知识为企业处理纷繁的事务。企业的会计人员将不再是仅仅担负着核算、监管等功能而是能提供五大核心服务。其中五大核心服务分别为：确认性服务与资讯正确、技术服务、管理顾问服务与绩效管理、财务规划、国际化服务。

(3)联系经济发展的需求。各地的高校应本着为当地经济发展服务的思路，在课程设置上开设一些有地方特色的课程或讲座，为学生今后更快地融入社会打下一定的基础，学生的适应性将得到大大提高。

二、会计学本科教育应确立的理念

总体上讲，会计学本科教育应确立素质教育和能力教育理念。具体包括以下理念：

1. 强化素质教育的理念

素质教育理念是一种适应社会经济发展、符合时代需求的教育理念。它强调对学生素质和能力的培养，特别是培养学生的创新精神和实践能力。总之就是要培养品德高尚、体魄健康、学识丰富、心理稳定、具有良好的智能素质和丰富的创新思维和创新能力的人才。

教育的本质是培养人，素质教育是提高人的综合素质，包括文化素质、创造性思维和综合分析判断能力、专业知识与技能。如果会计人员只接受有限的会计专业知识教育，将无法在快速变化的职业环境中得以生存和发展。因此，会计教育的重心应转向素质教育。

重视学生素质教育，要以提升培育学生基本做事能力作为会计人才培养模式改革的先导。以素质教育理念指导大学会计教育，应该把会计知识教育与会计职业道德教育相结合，把科学文化教育与会计专业教育相结合，把传授会计理论知识与培养会计基本技能相结合，培养学生将理论知识转化为实际动手能力的基本职业能力，对学生进行创新意识与创新方法的教育革新，使学生在学习中提高素质、锻炼能力，使人才供给更加趋近市场对人才的基本素质需求。

不同时代、不同国家、不同专业对人的综合素质有着不同要求。就当前的会计专业而言，随着信息技术的发展和网络技术的普及以及会计工作重心的改变，高素质的会计人才应该具备以下四个方面的能力：一是发现、收集、提炼信息的能力；二是对会计信息的职业判断力，并能利用所学知识在综合其他信息的基础上，对单位的日常资金管理和资本运作进行综合监控；三是组织、协调、沟通的能力；四是知识的自我更新能力。

2. 会计教育要信息化

信息化是当今社会发展的主流趋势，在会计领域，会计教育也应该多采用信息化的方法来辅助教学，设置专门的会计信息系统课程，对会计信息化下财务软件的管理功能作为亮点进行教学。应该对过去的教学设计做一些改革，选择一些新的教学方式与方法，以提高教学质量，培养与时俱进的会计信息化人才。

3. 注意会计职业教育

近年来，从职业需求统计来看，会计专业人才社会需求量一直较大，但对会计学毕业生来讲就业的难度却一点也没减少。究其原因，主要是由于大多数企事业单位都愿意聘用有一定工作经验的会计人员，不愿意接受刚刚毕业没有任何会计工作经历的学生。要解决这一问题，会计学专业学生必须在学习期间，进行一定的职业准备，除需具备熟练的业务技能和专业知识外，还应具备一些特殊的职业道德和职业素质，为毕业之后迅速转变为专业会计人员打好基础。为了能帮助学生尽快完成角色转换，作为专门培养会计人才的教师，应在日常的教学中，以自己的一言一行感染学生，不仅从专业知识上，还要从实践技能和职业心理等方面做好表率，为学生以后步入社会，走上会计工作岗位打下良好基础。

4. 树立终生教育的理念

由于社会环境的速变化发展和科学技术的突飞猛进，知识的更新日益加快，社会成员通过正规教育获取的职前专业知识显然不能享用终生。按照终生教育的观念，正规教育和非正规教育是劳动者取得职业知识和技能的两个相辅相成环节，正规教育并不是某一特定年龄的人在一定时间内接受全部教育的活动，也不是人生教育的终点，它只是职业知识教育的开始。因此，正规教育更要注重教会学生的学习方法，使其能够终生学习。

树立终身教育理念对于受教育者来说，就是要不断自我学习，自我完善。会计教育不仅要传授给学生基本的会计学科原理，同时还要将最新的会计规范和理论知识传授给学生，增强学生对会计新理论、新规范的理解与把握。因此，对于会计教育者来说不仅要搞好学校教育，而且还要走向社会，对在职会计人员进行“充电”，积极开展在职教育、考前辅导、继续教育等一切可能的教育形式。随着时代发展，会计规范的调整是不间断的，会计新理论的出现也会层出不穷，因此引导学生树立终身学习理念将是会计教育的重要使命。

5. 树立创新教育理念

21 世纪是知识经济时代，而知识经济是一种以不断创新的知识为主要基础的知识密集型和智慧型经济，其核心就是创新。

创新教育是培养学生再次发现的探索能力、“重组知识”的综合能力、应用知识解决问题的实践能力和开拓激发其创造能力的一系列教育活动。如果会计人才缺乏创新，不仅会计学科会被边缘化，而且也会使经济发展受到制约。同时，发展知识经济也迫切需要各种具有创新能力和创新精神的人才，而培养这样的会计人才，就需要会计教育者树立创新教育理念，在加强基础理论和基础知识教育的同时，强调和注重培养学生的创新意识、创新能力和创新活动。

创新教育改变了传统教育主要以教师为中心、采用教师向学生单向传授书本知识的方法，它要求注重培养学生的创造性思维与能力，通过教师与学生共同参与教学过程，把培养创新精神与创新能力贯穿于教学过程的始终。会计随着社会经济的发展而发展，面对不断变化的会计环境，会计人员不仅需要具备终身学习的能力，而且需要具备创新的能力。具体表现在：根据经济业务的发展，对会计核算工作进行变革与创新；根据外部环境的变化，改善、创新经营管理与内部控制等等。随着经济全球化，知识经济、信息技术的发展，创新能力在会计人才能力结构中的地位越来越突出，创新教育是培养学生创造性能力的重要途径之一。

6. 实施人本教育理念

人本教育理论认为：教育就是发现人的价值，即人的应有地位、作用和尊严；教育就是发挥人的潜能，即每一个人都存在的与生俱来的潜能；教育就是发展人的个性，即每一个人都具有的独特色彩的个性。人本教育理念的内涵就是：从充分发挥学生学习的积极性、主动性出发，在教师与学生之间的互动过程中，突出学生的主体地位，把学生看成是学习的主人，教师是激发学生学习的促进者、指导者、引导者，重视每一位学生的个性特征、认知、情感、兴趣、动机，以及潜能的发挥，使学生的学习充满乐趣。人本教育就是要体现“以人为本”的教育，是科学发展观在教育事业中的具体表现。

人本教育理念在会计学本科教育中同样具有十分重要的意义。会计是一种特殊职业，即在准则引导下依赖于会计职业判断的一种职业，往往有多种可供选择的会计方法并随之产生不同的会计信息，需要会计工作者具有多思性、多问性、开放性与综合性的思维能力。为此，在会计学本科教育阶段，就应该培养学生的主观能动性，形成善于发现问题，勤于思考问题，敢于质疑问题，能够解决问题的习惯。

以人为本是指尊重人的个性发展，在个性发展中积极引导，着力培养人的发展潜力，充分考虑未来的“自我拓展度”和人才的“适应度”。它的实质就是发展学生的个性，其核心就是自主性、主动性、独立性和创造性。会计教育者应充分认识到在会计教育活动中学生是主体，教师是主导，在教育过程中应积极引导学生主动学习、积极思考，充分发挥学生的积极性、主动性和创造性，提升学生能力，尽快扭转教育中学生被动接受知识的现状。

应当树立“一切为了学生、为了一切学生、为了学生的一切”的信念，真正体现以人为本教育理念，并将其充分体现在会计教育教学改革具体方案设计中，贯穿到各个教育环节。

7. 增强诚信教育理念

诚信为本是中华民族的传统美德，也是对每一个“经济人”的基本要求。因此，任何行业都要讲诚信，而会计行业与诚信教育的关系尤其密切。会计人员在进行会计处理时需要较多的职业判断，在会计核算过程中有着较多的选择权。而会计又具有经济后果，他们的工作成果将直接影响着各方利益相关者的利益，进而影响着正常市场经济秩序的维护，因此，加强对会计人员的诚信教育，强化市场主体和会计人员的会计诚信理念与信用意识尤其重要。这也就要求在大学会计教育中对诚信教育给予足够重视，在日常授课和学生思想教育过程中，应有意识地强调诚信方面的内容，使学生在校期间自觉地形成以诚信为本的职业道德，为今后的执业奠定良好的基础。当然，会计职业诚信教育应当贯穿于整个会计教育的始终，使会计学专业学生真正树立起“诚信为本、操守为重、坚持准则、不做假账”的行业理念，切实领会诚信理念是会计执业机构和会计人员的安身立命之本。

三、现代会计教育理念实施途径

（一）调整会计学本科教育的培养目标

会计学本科教育的培养目标决定着会计学本科人才培养的模式，直接影响着会计学本科教学的课程体系与内容，以及教学的方法与手段。会计学本科教育的培养目标应该根据会计学本科教育的理念来进行调整。具体可以分四个层次来确定会计学本科教育目标。

1. 从本科学生的培养层次明确会计学本科学生培养的总体要求。作为本科学生培养的总体要求，应该在所有本科专业的培养目标之间是大致相同的。会计学本科教育培养目标这一层次的要求可以描述为：“德、智、体、美全面发展的、符合国家经济建设需要的基础性人才”。这里“基础性人才”是试图根据本科教育在我国高等教育中的基础地位，将本科层次的培养目标与高职高专层次的培养目标、研究生层次的培养目标相区别。

2. 从管理类本科学生的培养层次明确会计学本科学生培养的要求。作为管理类本科学生的培养要求，应该在所有的管理类本科专业的培养目标之间是大致相同的。会计学本科教育培养目标这一层次的要求可以描述为：“具备经济学、管理学、法学等方面的知识管理人才”。这一层次的目标要求表明，所有的管理类本科学生作为专业基础应该具备经济学、管理学与法学等方面的知识。

3. 从会计学专业本科学生的培养层次明确会计学本科学生培养的要求。作为会计学专业本科学生的培养要求，应该在不同高等学校的会计学本科专业的培养目标之间是大致相同的。会计学本科教育培养目标这一层次的要求可以描述为："具备会计职业能力的复合应用型人才"。这一层次的目标要求意味着作为会计学本科学生，应该为日益拓展的会计职业界做准备：这一层次目标也可以被认为是会计学本科学生在会计方面的"通才"教育。各高等学校会计学本科学生的培养要求，可以到这一层次不加拓展，也可以根据会计人才市场的需求以及本校的教学资源与特色做进一步的拓展，这样就构成了下一个层次的培养要求。

4. 从会计职业准入要求明确会计学本科学生培养的要求。这一层次是指本科就业与深造分流。各高校会计学本科人才培养定位目标不同，相应在各高等学校会计学本科专业的培养目标之间存在差异。

综上所述，会计学本科人才培养目标可描述为：培养德、智、体、美全面发展的，符合国家经济建设需要的，具有经济学、管理学、法学等方面知识的，特色凸显的复合应用型工商管理学科会计专门人才。

（二）课程体系改革

根据会计学本科教育的理念，会计学本科教学课程体系及其内容是应该相互交融与促进的，需要从会计知识掌握、会计科学研究能力培养、会计诚信品格塑造、会计职业判断能力形成、现代信息技术应用技能培养来进行构建。其中：

会计知识掌握，主要以"会计学原理"课为起点，从各门会计课程的理论讲授与实际操作两个方面展开；

会计科学研究能力培养，以属本科公共课程的"科研方法"课、属会计专业课程的"会计科研方法"课以及学年实习与学年论文、毕业实习与毕业论文为主线，并融合在有关会计专业课程与会计专业方向课程中来实施；

会计诚信品格塑造，以属本科公共课程的"伦理道德"课、属会计专业课程的"会计职业道德规范"课为主线，并融合在"会计学原理"以及各门会计专业课程与会计专业方向课程中来实施；

会计职业判断能力的形成，则应从“会计学原理”课着手，融合在各门会计专业课程与会计专业方向课程中来实施；

现代信息技术应用技能培养，则以属本科公共课程的“计算机应用原理”“管理信息系统”课，属会计专业课程的“会计信息系统”课为主线，融合在各门会计专业课程与会计专业方向课程中来实施。

（三）创新会计教学方法与手段

课程体系及其课程内容确定以后，如何通过有效的方法与手段来实施教学，是体现教育理念与培养目标的关键。

首先要创新会计学本科教育的教学方法，形成多样化的教学方法。通过不断拓展会计教学的开放性、互动性、自主性，实现会计学本科教学方法的创新与多样性。具体的途径可以有：改进案例教学方法，关注“会计事件”特别是证券市场上发生的“会计事件”，根据其来编写案例，不仅具有典型意义，而且容易引起学生的讨论兴趣，通过组织与引导学生对案例进行分析，提高学生的专业综合分析能力和职业判断能力；实施团队教学，通过一定的选题，由团队协作分工，每一位参与的师生独立承担某一部分内容的思考，进行团队研讨，使每一位师学生参与其中，相互启发，共同提高；进行问题导入式教学，通过提出问题、分析问题、解决问题的思路进行会计专业知识讲解，培养学生提出问题、分析问题与解决问题的能力，使其对所学知识的前因后果理解得更加深入。创新教学方法要体现以人为本，以需求为动因，以问题为基础，引导学生进行发现式、探索式的学习，即要了解学生的求知需求，把握学生的认知特点，帮助学生建立新的探索式、研究式学习方式，使学生掌握学习的方法，能够主动地去寻求知识，拓宽知识领域，逐渐形成独立发现问题、善于分析问题、积极解决问题的习惯。

其次是要充分利用现代教育技术手段，以提高教学的效果。在实施教学过程中，要充分利用现代教育技术手段，以网络为依托，以计算机为载体，通过制作和开发会计教学软件将会计理论与会计实务、案例分析、问题导入式教学等进行融合，起到举一反三的作用。同时，构建由网络支撑的师生互动系统，为学生提供多层次、多样化的教学服务。除此之外，通过网络系统，实现与国家教育网络乃至国外教育网络的链接，充分利用精品课程等各种教学资源，开阔学生的学习视野，进一步提高教学的质量。

综上所述，要实施现代会计教育理念，就必须进行会计教育改革然而，我国会计教育改革任重道远，进行会计学本科教育改革并不是一蹴而就的，涉及方方面面的一系列问题。例如，如何通过模块式教学、如何通过学分制的改进、如何通过辅修专业、如何通过产学研基地、如何通过建设一支具有正确会计教育理念的教师队伍等，来实施教育与提高教育质量，都是值得探讨的。只要在科学发展观的统领下，借鉴会计教育的成功经验，总结我国各高等学校会计教育改革的经验，积极探索，勇于创新，敢于实践，就能够不断提高我国会计学本科教育的水平，培养出满足我国社会经济发展需要的一流会计人才。

第三章 会计专业教育教学改革

第一节 从系统视角看会计专业教学改革

新一代信息技术的发展引发了会计信息系统的重大变革和会计职能的转变。本节基于系统视角提出新一代信息技术背景下会计专业建设和教学改革的思路框架，遵循该框架，首先分析了会计专业学科发展面临的科技发展环境和国家需求的变化；然后分析了新一代信息技术背景下会计专业人才能力需求，并构建了相应的会计专业岗位的胜任素质模型；最后提出推进会计专业教学改革的具体路径和步骤。

近年来，以移动互联网、云计算、大数据、人工智能为特征的第三代信息技术得到蓬勃发展。新一代信息技术发展的热点不是信息领域各个分支技术的纵向升级，而是信息技术横向深度融合于经济社会领域之中的其他行业，形成广泛的以互联网为基础设施和实现工具的发展新业态。新一代信息技术引发了人类思维、商业模式、社会业态及企业管理等方方面面的重大变革。会计作为重要的商业语言与信息系统，必然受互联网、大数据、云计算等高新信息技术极速发展的影响。

具体来说，在新一代信息技术条件下，一方面会计信息系统业务呈现明显的一体化趋势。会计信息系统业务一体化模式打破了企业各个业务系统数据与账务处理系统相互分离的局面，通过构建一体化数据库，各类业务数据可以直接进入账务处理系统，削减了会计人员编制各类凭证的烦琐工作；另一方面，互联网、云计算等技术使财务共享中心的构建成为现实。财务共享中心模式进一步削弱了企业各个分支机构设立会计部门的需求，财务会计人员岗位的需求大大降低。上述变化直接推动着会计职能的转型。

作为培养会计专门人才的高校，不得不思考这样一个问题：随着信息技术的发展和网络技术的普及所引起的会计工作职能的变化，会计专业人才应具备什么样的能力？

指导具体教学改革的思路框架是什么？为社会培养符合时代发展的新型会计人才、推进改革的路径和步骤是什么？本节将在充分吸收现有研究成果的基础上，基于系统视角提出新一代信息技术背景下会计专业建设及教学改革的思路框架并构建会计专业岗位的胜任素质模型。根据提出的思路框架和构建的胜任素质模型进一步提出新一代信息技术背景下推进会计专业教学改革的具体路径和步骤。

一、会计专业建设及教学改革的思路框架

专业建设与学科发展是一项系统工程。2018 年，教育部、财政部与发展改革委共同发布的《关于高等学校加快“双一流”建设的指导意见》明确提出，学科建设要明确学术方向和回应社会需求，坚持人才培养、学术团队、科研创新“三位一体”。也就是说，围绕学科建设和专业发展，要以国家需求为导向，以人才培养、科学研究、团队建设为抓手，最终实现传承创新优秀文化、拓展交流合作、提升社会服务能力的目标。可见，建设一流师资队伍、提升科学研究水平、培养拔尖创新人才、传承创新优秀文化、提升社会服务能力等内容之间是相互作用、相互依赖的有机整体。

基于上述认识，首先，本节提出基于系统视角的会计专业建设及教学改革的思路框架。具体来说，会计专业建设及教学改革首先要基于科技发展和国家需求，明确专业人才的能力需求，并对照能力需求找出能力差距；其次，调整专业定位和培养目标，包括知识、能力和素质的定位与要求，并以能力为中心，给出能力提升时间表；再次，确定持续改进的教育教学流程，具体包括教学计划制订、大纲编制、课程建设、教学过程及管理等；最后，提升人才培养能力，

主要包括师资能力、条件能力、组织能力（学习与成长层面）、制度保障能力等，并形成行动方案加以实施。

二、会计专业学科发展面临的环境分析

依据上文提出的会计专业建设及教学改革的思路框架，下文将对会计专业发展面临的环境，包括科技发展环境和国家需求进行详细分析。

（一）科技发展环境

新一代信息技术主要包括互联网、云计算、大数据、人工智能、机器人、区块链等技术，其对会计和财务管理的影响已经日益显现。正如财政部印发的《会计改革与发展“十三五”规划纲要》中提出的，“会计行业机遇与挑战并存，会计改革与发展任务艰巨而繁重，会计的服务对象、服务领域、工作职能、工作手段、工作体制和工作机制都面临着重大转型升级”。

其一，新一代信息技术极速发展，如德勤财务机器人、财务共享中心、金融科技（Fin Tech）、分布式账本等新事物的出现，使得会计工作的自动化程度和效率越来越高。越来越多的工作将由计算机系统平台来完成，会计人员的传统职能无法全部体现会计人员在新一代信息技术时代的职能价值。

其二，新一代信息技术背景下，会计应用能够为企业经营决策提供更为丰富的数据支撑。互联网平台实现了企业与供应商、销售商的无缝衔接，提高了产业链管理效率；通过互联网平台，会计可以对产品定价、对购销支付进行有效的监督和控制，提高了企业内部管理效率；通过互联网招聘平台可以快速找到互联网会计人才，提高人才招聘效率，减少人力资源管理成本。

此外，大数据技术的发展也将推动财务管理模式的创新。财务管理将不再局限于传统的财务范畴，而是面向技术研发、销售策略、人力资源等多个领域延伸和渗透，一些原本不属于传统财务范畴的工作将进入大数据时代的财务管理视野。

（二）国家需求

需求是推动专业建设的原动力，专业建设需要主动对接国家和区域重大战略，办学组织需要不断优化学科专业结构，建立以社会需求为导向的学科专业动态调整机制。未来十几年，会计人才将在国家经济发展过程中发挥基础性、关键性作用。面对近年来国家关于经济结构调整和发展方式转变的一系列重大战略部署，会计法制、会计标准必须适应上述战略的实施而不断进行完善；会计从业人员必须转变观念、开拓创新，自觉服务国家的创新战略转型。

管理会计的目标是在向资源提供者反映资源受托管理情况的基础上，实现资源的优化配置，进而提高企业的生产效率、经济效果和经济效益。同时管理会计本身也是企业的战略、业务、财务一体化最有效的工具。针对国家大数据战略和“互联网 +”行动计划的实施，要加强信息技术在会计领域的深入应用。借助我国积极参与全球经济治理以及“一带一路”倡议实施的契机，深入参与国际会计标准的制定，全方位开展会计对外交流与合作。

可见，面对国家的经济转型、经济全球化的纵深发展、新一代信息技术对会计行业的渗透与融合，会计职能将从传统的信息处理转向信息分析，在为企业在计划、控制、分析与决策等方面发挥越来越重要的作用。相应地，会计从业人员由单一的“账房先生”发展到熟练运用新一代信息技术，集核算、管理、预算和决策职能于一身，通晓国际化会计准则的综合型人才。

三、新一代信息技术环境下会计专业人才能力需求分析

在新一代信息技术环境下，应该培养什么样的学生？应该帮助学生建立什么样的知识体系，培养哪些能力？下文结合科技发展环境和国家需求进行分析。会计专业的本科学生应该重点培养以下五方面的能力。

（一）对会计信息的分析能力

随着会计职能由核算职能向管理职能转变，会计信息的分析能力，包括定量分析和定性分析能力，将成为未来财务会计人员的一项基本能力。新一代信

息技术条件下，会计人员需掌握以下三种信息分析能力。一是对会计信息的描述性分析能力。具体要求财务会计人员能够对所服务的企业进行基本的了解和判断、对公司经营和财务的现状进行现象写实，对公司做出粗粒度分析并提供规范的分析报告，为外部监管和投资者的投资决策提供信息支持。该项能力属于财务会计的能力范畴；二是对会计信息的因果分析、关联分析和预测分析能力，该能力属于管理会计的能力范畴。具体要求财务会计人员利用定量的方法对影响预测变量的相关因素和关联因素做出分析，并通过相应的函数关系和关联关系，对公司的销售、成本、利润和资金需要量做出预测，以减少未来的不确定性因素对公司经营活动的影响；三是诊断分析和处方分析能力。具体要求财务会计人员以组织战略为出发点，依据会计信息的分析结果对资金的计划、筹措、投资、管理进行决策分析，为企业投资决策提供信息支持。该项能力属于财务管理的能力范畴。

（二）基于跨领域复合知识的业务与财务融合能力

要想具备良好的分析能力，仅仅掌握会计知识和财务知识是不够的。未来的财务会计人员不仅要掌握基于运筹学、统计学、机器学习的优化方法、预测方法、评估方法、决策方法，掌握必要的信息分析技术工具，同时还要了解行业，熟悉企业的各类业务，主要包括人力资源、市场营销、生产运营与供应链管理、技术研发等。正如华为总裁任正非在2018年年初与财务员工开座谈会时所说：财经是公司的底座，但这个财经不仅仅指财务，“经”是除技术方向外的企业的全部经济活动，主要包括供应链、行政、后勤、物流、基建、研发等，希望财经体系要从财务管理走向名副其实的财经管理，融入项目、融入业务，夯实基础、横向打通。也就是说，未来的财务要融入业务，财务如果不懂业务，就只能提供低价值的会计服务。

（三）对机会和风险的洞察能力

公司战略是指导整个企业经营活动的总谋略和总方针。公司战略管理是从战略的角度综合利用公司内外部信息的管理活动，而会计信息系统是公司战略管理不可或缺的决策支持系统，因此，战略管理的形成推动了战略管理会计的需求。战略管理会计既重视公司主要的生产经营活动，也重视公司的辅助活动；既重视主体价值链，也重视其他辅助活动价值链；既重视现有经营范围内的活动，也关注未来各种可能的活动。因此，未来的财务会计人员应具有高瞻远瞩的眼光及把握各种潜在机会、回避可能风险的能力，具体包括由于科技发展、产业政策变化、行业结构变化所导致的公司运营风险，由于资产、客户、供应商等过分集中而产生的业务风险，由于公司经营扩张而导致的财务风险等。以便从战略的角度最大限度地提高企业的盈利能力和价值创造能力。总之，未来财务会计人员应能在对会计信息以及宏观经济、行业情况等进行综合分析的基础上，站在企业战略的全局视角，洞察企业面临的机会与威胁，以更长远的眼光进行决策。

（四）自主学习能力

我们正处于一个知识大爆炸的时代，信息技术发展、知识迭代的速度超出以往任何时期。新知识、新技术不断涌现，单纯依靠学校学习的知识，会计工作者很快就可能被淘汰，至少不会走得太远。未来最需要的是适应能力强的跨界人才。要想做到跨界，就需要具备超强的自主学习能力，面对新事物、新领域时，能做到迅速适应、快速切入。未来的税制变动、税率调整、报表格式变化将呈现常态化，这就要求未来财务会计人员必须具有很强的自主学习能力和适应能力。此外，前瞻性的视角、开放的心态和迎接变化的勇气，也是创新的基础。“授人以鱼，不如授人以渔”，培养学生的自主学习能力至关重要。

（五）创新能力

任何决策都是针对未来行动的，是为了解决当前面临的问题以及将来可能出现的问题。新知识是创造的产物，唯有创造力才能使知识活化，为知识赋予灵魂，唯有创造性地运用知识才能解决不断出现的新的难题。因此，未来的财务会计人员不仅要关注知识，更要关注高阶思维能力、判断能力和创造能力，培养学生用未来的知识解决当期面临的问题甚至未来可能出现的问题。要打破学生思维的时空限制，要树立学生挑战权威的勇气，要培养学生进行思想碰撞的习惯。

通过上述分析，在新一代信息技术背景下，信息分析能力、业财融合能力、机会和风险洞察能力、自主学习能力和创新能力构成会计专业岗位的关键核心能力。相应地，会计专业人员不仅要掌握扎实、过硬的财务专业知识和必要的人文社科知识，还需要掌握信息技术知识、公司业务知识以及与公司业务相关的跨学科专业知识，这样才能驾驭信息技术在会计行业的应用，真正做到业财融合。此外，无论是传统会计岗位，还是新一代信息技术背景下的会计岗位，均要求会计人员具有高尚的职业道德、坚韧的品格和强烈的责任感，以诚信为本，严谨务实，这是会计人员应具备的基本素质。此外，面对国家的经济转型升级和信息技术日新月异的变化，会计人员还必须具有提升公司内部控制水平和管理水平、服务经济发展和不断创新的意识。

四、基于系统视角的新一代信息技术条件下会计专业人才培养改革研究

根据上文提出的基于系统视角的会计专业建设及教学改革的思路框架，在此，遵循“科技发展环境和国家需求变化→调整专业定位和培养目标→制订和完善培养方案→提升人才培养能力”的整体路径，推进会计专业人才培养的教学改革。

（一）调整专业定位和培养目标

根据新一代信息技术发展环境和国家需求变化，在此将会计专业人才定位为：深度融合现代会计理论方法与新一代信息技术、具有开拓进取的创新思维和国际化的前瞻视野、掌握解决会计与财务问题的实践技能、自觉服务国家的信息时代的决策型会计专业人才和管理精英。根据上述定位，对培养目标做出调整，除传统会计岗位要求的知识和能力外，需要特别强调对以下知识结构和能力的培养。具体为：一是知识结构。深刻理解科技进步的逻辑，熟悉新一代信息技术发展变化及其对会计变革的影响；深刻把握数据、算法、平台等核心功能的变革趋势以及运作机制，熟练掌握数学、管理学、经济学、会计学、财务管理学、统计学等基础理论与方法以及会计相关管理软件工具的使用。二是能力要求。对会计实务、会计从业的生态环境具有全新的视野，拥有综合运用

会计专业的相关理论和方法，分析、解决会计领域实践问题的能力；具有良好的战略思维以及敏锐的洞察力和问题发现能力，能够宏观把握科学技术和经济社会发展的未来方向，具有较好的预见未来和独立判断的能力；能够进行跨界学习、协同学习、整合学习，具有较强的自主获取新知识的能力以及创新能力。

（二）制订和完善培养方案

基于上文设计的新一代信息技术背景下会计专业定位和培养目标，重构目前会计专业的教学内容和课程体系。不能仅仅着眼于现状，而要从科技发展和国家对人才的需求出发，并结合组织的特色来设计教学内容和课程体系，分析哪些课程要保留、哪些课程内容要压缩、哪些课程要去除、哪些课程要加强、需要新增哪些课程等。

（三）提升人才培养能力

凝聚资源，强化特色，提高师资队伍的专业素养和学术水平是提升人才培养能力的关键。首先，要统一思想和认识。要集中所有教师的力量，打造专业特色。其次，要鼓励教师从事科学研究。坚持理论联系实际，积极开展科学研究，不断地更新自己的专业知识、提高自身的学术水平、提升引导学生追求创新的能力。最后，加强课程特色建设。围绕提炼的专业特色，系统组织若干门特色课程的建设工作，通过课程建设，一方面进一步理解专业特色与内涵，另一方面提高自身的专业素养和学术水平。只要上述三个方面理顺了、做好了，组织的人才培养能力自然就能得到提升。

第二节　“2+1”高职会计专业教学改革

教育工作是社会发展的根本，企业会计工作通常与企业发展具有极其紧密的联系，因此，在高职院校内进行会计专业教学时，必须不断强化。本节分别从教学理念、课程设置、教学方法、教师队伍、实习基地五个方面展开，希望能够有效推进教育事业发展。

一、转变教学理念

在教师教学过程中通常会形成一定的固有思维，这种思维形成之后则很难改变，为了使教育教学更好地符合现代教育的需求，有必要转变思维，实现教育理念的改革。

二、完善课程设置

在课程设置工作时，必须将职业培养目标作为教育中心，构建具有较高体系性的教学体系，具体包括基础训练、专业技能、综合素质和企业实习四个方面。在实践教学时，通过税务会计、审计、会计和出纳等岗位的设置，让学生进行角色扮演，进而实现模拟操作。同时还可以进行岗位轮换，从而使学生对不同岗位产生具体的认识，进一步明确不同岗位工作职业和所需技能，使其在参与工作时能够迅速融入其中。通过该体系的设置，打破传统教学中“理论知识”的核心地位，将“实践能力”作为现代教育的中心，使学生在参与工作时能够掌握更大的主动权。

三、改善教学方法

当前需对教学方法进行改善。其一，教学方法需要满足教学内容需求，通常会计专业具有较多课程，不同课程之间存在一定的差异性，在开展教学活动时需要合理搭配不同方法。首先通过带领学生参观相关工作者的工作环境，使学生对课程内容产生较为直观的认识，以此为基础展开下一步教学活动，可以使学生更好地融入其中，提升课堂效果。其二，教学方法需要满足课程难易程度的需求，通常情况下，每一门课程都有些自身的难点和重点，教师在开展工作时，必须对其进行重点考虑。其三，可以采用师生互换的方式展开教学，使学生走上讲台，进行课程讲解，就是对其进行引导。通过该种方式，可以使学生在课堂活动中具有更大的积极性，进一步提升课堂效果。

四、强化教师队伍

随着教育教学的进一步发展，对教师队伍的要求也在不断提升，要求教师的理论能力和实践能力同时发展，基于此，教师队伍的强化是目前教学改革的重要内容。学校可以定期组织教师校外实习，鼓励教师积极参与职业一线。学校也可以邀请企业相关工作人员来学校兼职任教，通过实践指导和案例讲座等方式对学生进行专业引导，同时在学校组织实习模拟课程时还可以进行指导，实现学校实践性教学的目标。

五、建设实习基地

学校在建设会计实习基地时，需要使其最大限度地满足学生发展需求。通常情况下，会计实训基地分为校外和校内两个部分，在建设校内实训基地时，需要使其最大限度地贴合企业发展，可以邀请合作单位专业工作人员参与指导，基于企业发展岗位需求构建整体环境，使其尽可能真实地体现职场环境。建设校外实习基地，通过校企合作，同时推进企业和学校的发展，实现“双赢”。学校可以与相关企业签订协议，定期组织学生进入企业工作，从而使其更为全面地认识相关工作。

通过转变教学理念，完善课程设计，改善教学方法，强化教师队伍，建设实习基地，可以使教育工作更好地满足高职类教育工作要求，为国家提供更多的技术型人才，使相关企业的会计工作更加科学，进而有效推进企业发展，在一定程度上也实现了国家经济的进一步发展。

第三节　案例教学与会计专业教学改革

随着科学技术的发展，教学形式上也发生了很大的变化。目前，“00后”已成为当代大学生队伍的主体，他们更喜欢自由的学习方式，而不是仅仅从书本上获取知识点。本节从案例教学的视角出发，对如何在“00后”大学生群体中开展会计专业教学方式进行研究，从而培养出高素质的会计专业人才。

自20世纪20年代以来，案例教学方法已经出现，并由哈佛商学院大力维护。当时是采用一种非常独特的案例式教学，这些案例来自各个国家的企业真实发生的事件，由于通过这种教学方法，可以让学生积极地参与到课堂教学中以达到较之以往更好的教学效果，因此，这种方法开始普及。

案例教学法就是在课堂中运用以往发生过的真实的案例，营造生动的教学环境，提高学生的学习乐趣，使学生能够自动学习和讨论，在案例分析与研究的过程中挖掘学生的思维能力、知识应用能力和解决问题的能力。它是以学生为主体的，学生可以充分发挥自己的才能，在实际教学情境中发现问题、分析问题、解决问题，提高自己的知识和能力。

一方面，目前大学生，随着知识的不断积累以及视野的不断开阔，使用案例教学能够让他们深刻理解理论知识，更能激发他们自主学习的兴趣。因此，高校会计专业授课方式应当适应这种新的变化，转变方式，调整授课的内容；另一方面，年青的教师队伍，更愿意改变教学方法和适应这种变化的挑战。

一、案例教学法的特点

（一）引导学生独立思考分析

学生在拿到案例后，首先，要做的是要利用自己的理论知识分析案例，然后在自己所能够接触的资源范围内查阅其认为应当涉及的知识，这无形中加深了对知识的理解；然后，再经过认真的思考分析，提出解决案例问题的方法；最后，教师应评论学生讨论的过程和结论，指出案例分析的重点和难点问题，以及分析评价学生分析评价结论中的优缺点，对于学生的一些独特的见解加以肯定。

（二）鼓励学生注重能力

会计学属于管理类学科，作为一名管理者，应当知道知识不等于能力，但是知识又应当转化为能力。学生总要走向社会，从一名懵懂的实习者到能够快速处理单位所面临的事务的管理者。案例教学法通过让学生自己去查询相关的资料并讨论，能够让学生充分地意识到实际动手能力的重要性，同时能够提高自身处理事情的应变能力。

（三）教师与学生之间多交流

利用案例教学时，思考以及讨论的过程极其重要。这个讨论的过程不只是学生与学生之间、小组与小组之间，同时还包括学生与老师的交流，在与老师讨论时，要明确自己的观点，并清晰地表达出来，老师也会根据不同学生的不同理解进行深入思考，找到自己没有注意到的关键点，在下一次讲课时能够补充进来。

二、案例教学法在会计教学中的必要性分析

（一）案例教学法在会计教学中的应用意义

1. 提高学生的实践能力

学校培养会计专业人才是为了学生参加工作后能够具有高素质的工作能力，在工作中能够有效、灵活地应用所学的理论知识，在实践中更能轻松应对。案例教学法能够让学生直观地面对会计工作的内容，并能够提前了解日常工作中将可能遇到的问题，提高学生的实践能力。

2. 锻炼沟通的能力

案例教学法是由学生自行讨论的，在讨论的过程中有助于锻炼学生用语言表达自己看法的能力以及能够提高自己劝服别人同意自己看法的技能，这也有助于学生在进入社会工作时顺利地与领导、同事、下属沟通自己的看法。

（二）有助于提高教师的业务水平

案例教学法能够将案例教学引入课堂，就是将理论与实践结合起来，同时

也是将教师的知识水平同实践能力结合起来，促使教师不断地更新自己的知识库，为了将案例教学法更好实施并引入不同的案例，教师也会经常补充教学内容，进而提高教师的业务水平。

（三）为社会培养创新型人才

案例教学法不是以往的灌输式的教学方法，它更鼓励学生的自主、创新，开发学生的大脑。在案例教学法下，学生变身为管理者与决策者，并根据老师提供的案例做出决策。案例教学法能够为社会培养创新型人才。

三、案例教学法在高校会计专业教学的具体实施分析

（一）教学要以教师为中心转化为以学生为中心

在“案例教学法”的模式下，是以学生为中心，注重提高学生自主学习的积极性，激发学习兴趣，鼓励学生主动创新、师生共同合作学习，学生的思维经常会给教师带来意想不到的发现。

（二）为青年教师提供培训，并引进新的教师力量

高校应当为教师提供去企业进行实践培训的机会，让教师不会拘泥于教学课堂，能够接触到会计实务，在为学生讲述理论的同时，能够将自己接触的实务带入课程教学，让学生分析讨论。同时，近几年，高校迎来一批有想法、有朝气的新生教师。这些教师更容易接受新的教学方式——案例教学法。

（三）组建专业的教学案例资源数据库

在案例教学法下，教师授课的过程中需要使用大量的案例信息，但是每次临时找材料是很费时间、费精力的事情，学校应当建立专业的教学案例资源库并且应当及时更新。同时为了防止学校教学资源被滥用，应当针对不同的教师不同的课题，为他们设立使用权限。组建专业的教学案例资源数据库，有利于教师之间的交流与研究，提高教学案例的整理速度。教师应该在授课的过程中不断地学习、不断地挖掘新的案例信息，丰富学校的案例资源库。

（四）做好会计案例的选取和分析讨论工作

1. 加强对会计案例的搜集，并提出问题

在会计教学过程中，应用案例教学法并不是一蹴而就的，它有一定的步骤。教师应当根据教学安排，结合学生自身的情况，正确选择教学案例，并综合分析案例的种类、性质和内容，最后，将相关的会计理论融入案例中。

2. 小组讨论

案例教学法主要是通过小组讨论的方式进行的。教师应充分考虑学生的实际学习情况，尽可能确保每组学生都处在同一个水平，以便学生在小组讨论过程中互相帮助。学生根据以前老师教授的会计理论，结合具体案例进行分析，讨论教师在课堂中提出的问题，并找出解决办法。在讨论的过程中学生不仅能够提高学习的积极性，而且可以更深入地了解他们所学的理论知识，增强他们的记忆力。

3. 教师答疑及总结

学生讨论的时候可能会由于理论知识的不全面，或者对案例的分析不准确而产生某些，讨论结束后，教师应根据学生讨论的结果进行总结和评价，解答学生在讨论过程中未能解决的问题，这样可以有效避免学生因为这个问题而在学习和掌握知识时产生困惑。

综上所述，在互联网经济时代，年青一代教师和学生的视野更加开阔，只有将案例教学渗透在会计教学中才能将会计课堂气氛活跃起来，这样学生的积极性以及自主性才能够提高，才能使学生的学习能力和学习水平得到进一步提升。学校将案例教学法引入会计教学，可以有效提升教学效率，丰富学生的学习生活，增强学生的创新能力及实践能力。

第四节　基于工匠精神的会计专业教学改革

工匠精神的核心理念就是对产品精雕细琢、精益求精的一种完美追求。本节介绍了基于工匠精神培养会计专业人才的必要性，提出基于工匠精神进行高职院校会计专业教学改革的建议，即树立正确的育人理念，转变会计教学思路，打造校企协同创新的会计专业教学形式，提高会计专业教师队伍职业素养。

2017年在政府工作报告中已经明确指出，必须大力弘扬“工匠精神”，厚植工匠文化，培育众多“中国工匠”。这一理念被各大高职院校融入教育教学工作中。会计专业教学自然也不例外，尤其是会计在经济建设中所发挥的重要作用，决定了基于工匠精神培养会计专业人才的重要性。本节结合个人在高职院校从事会计专业教学工作的实践经验，就如何在高职院校会计专业教学改革中做好工匠精神的践行展开探讨，为有效培养会计专业学生的工匠精神奠定良好基础，将追求精益求精的匠心精神、工匠技术传承和匠人品质融入高职院校会计专业教学中。

一、基于工匠精神培养会计专业人才的必要性

工匠精神的核心理念就是对产品精雕细琢、精益求精的一种完美追求。因此，工匠精神主要体现在对工作高度专注的态度、精益求精的精神和追求完美质量的品质。会计人员要常年与数字信息打交道，所以更需要匠人传承，保证自身在日常工作中，能够秉承严谨细致、精益求精的态度，做好会计工作。因此，许多高职院校都对会计专业教学进行改革，不断加强对会计专业学生工匠精神的培养。

基于工匠精神培养会计专业人才，本质上体现的是一种以人为本的会计专业教学理念，是对学生职业道德的培养。基于工匠精神培养会计专业学生，其根本目的是让学生养成严谨踏实的学习与工作态度，养成精益求精的职业追求态度，并以此为基础，全面提升高职院校会计专业学生的职业素养与综合素质，增强岗位竞争实力，潜移默化地培养学生成为德才兼备并具有可持续发展能力的高素质复合型会计专业人才，这与会计岗位的发展需求相一致，与社会的发展需求相吻合。

在对学生工匠精神的培养上，不仅要从会计人员的职业道德和职业技能要

求入手，还要帮助学生树立正确的人生观与价值观，使其具备作为一名优秀会计工作者的责任与担当。在工匠精神的培养上要注重培养学生诚实守信的品质、精益求精的精神和严谨细致的态度等。诚实守信是一个人最基本的道德品质，也是对一名会计人员最基本的要求。因此，在工匠精神的培养上，要做好对会计专业学生思想道德修养的培养，要重点关注对学生匠心的培育，达到专业能力与工匠精神同行的教学目的。会计工作不仅复杂，对精准度的要求也是极高的，因此，高职院校在会计专业教学过程中，适当增加对工匠精神的培养，能更好地培养学生对工作的严谨态度，对品质的卓越追求，全面提升会计专业学生的职业能力与综合素养。

二、基于工匠精神进行高职院校会计专业教学改革的建议

针对目前高职院校在会计专业教学中融入工匠精神存在的问题，提出以下建议。

（一）树立正确的育人理念

要将工匠精神渗透到会计专业教学中的每个环节，要以工匠精神为导向，充分结合现代社会对会计人员的实际要求，做好对会计专业学生的理论基础以及专业实践能力的培养。要达到这一目标，必须树立正确的育人理念，在会计专业教学过程中制定教学目标、教学体系、教学内容、教学方法等。正确的育人理念，还包括合理地把握教学目标与会计人才培养之间的关系，做好工匠精神与会计专业课程的有机融合。首先，高职院校在开展会计专业教学的过程中，要以行业需求为导向，以会计岗位职业能力培养为核心，进一步明确会计专业人才的培养目标，将职业标准、岗位要求、职业道德、工匠精神等贯穿于教学全过程，制订出科学合理的教学计划；其次，在会计专业教学体系的设计过程中，要加强与工匠精神的有机融合，进一步明确行业、企业对会计人才的岗位需求，秉承因材施教的基本原则，全面提升会计专业学生的职业素养。此外，在会计专业大力开展以工匠精神为主题的辩论会、社团竞赛等丰富多彩的活动，营造弘扬工匠精神的浓厚氛围，潜移默化地感染学生、影响学生，使其明确工

匠精神的实质与内涵，认识其价值与意义，形成正确的职业态度，提升其职业素养，使其在学习专业知识、职业技能的同时，理解并践行工匠精神，促进自身的成长、成才。

（二）转变会计教学思路

在高职院校会计专业教学中践行工匠精神，必须转变自身的教学思路，摒弃传统、落后的教学理念，与时俱进，不断更新自身的知识结构。首先，与行业、企业共同制订会计专业人才培养方案，将行业前沿发展趋势和要求及时转化为学生岗位能力的培养标准，培养出符合社会需求的会计专业人才。高职院校要加强与行业、企业之间的深度战略合作，通过会计行业专家、企业技术骨干的言传身教，在潜移默化中对学生进行熏陶，培养工匠精神，营造工匠文化。其次，为了更好地了解行业、企业对会计岗位的发展需要，充分发挥出高职院校会计专业课堂教学的优势，构建专业的会计学习平台、交流平台、知识拓展平台、职业能力发展平台，定期选派一线教师深入行业、企业进行挂职锻炼，进一步了解会计工作岗位的实际需求，真正实现专业设置与行业、企业需求对接，课程内容与职业标准对接，教学过程与工作过程对接，提高职业教育与工作岗位的匹配度，提高人才培养质量和针对性，打通技术技能人才培养和成长通道，培养出优秀的高素质复合型会计专业人才。

（三）打造校企协同创新的会计专业教学形式

会计是一门应用性较强的专业，高职院校会计专业应致力于培养具备工匠精神的高素质复合型会计专业人才。因此，要突破现有校企合作面临的瓶颈问题，打造校企协同创新的会计专业教学形式。首先，通过会计行业领军人物、企业技术骨干等榜样人物的典型案例激励学生。在进行会计专业教学的过程中，进一步强化工匠精神对学生的职业感染力，更好地打造工匠文化，使工匠精神深入人心。会计专业的教师要充分利用工匠精神的典型案例，进行剖析与深度挖掘，以起到有效激励的目的。邀请行业、企业中具备工匠精神的领军人物、技术骨干，与学生面对面地交流，通过交流互动，学习会计工作中核算、出纳、稽核等工作岗位精益求精的工作精神和严谨细致的职业态度，达到最佳的教学效果。其次，做好会计专业的实践教学工作。实践教学工作的开展，能够有效引导学生树立严谨踏实的学习态度和精益求精的工作精神。基于会计行业特点，对会计职业岗位要求进行系统分析，做好实践教学工作，在此基础上言传身教，使会计专业学生在实践环节中所形成的职业精神逐步升华为工匠精神，达到在会计专业知识学习过程中对工匠精神的有效内化目标。为此，高职院校在会计理论教学、实训以及社会实践等诸多环节，可以有效植入企业的情境要素，在会计专业实践教学过程中增设企业情境要素，实现工匠精神与会计职业情境的紧密联系，在潜移默化的过程中推进学生对工匠精神的价值追求，让学生切实感受到工匠精神，最大限度地提高会计专业学生的实践操作能力，促进会计专业教学与行业、企业会计岗位工作需求的双向结合。高职院校在会计专业实践教学过程中，可以专设“工匠精神”讲授单元，使学生具备会计行业基本职业素养，在实践中不断磨炼，体验并形成精益求精、严谨细致、专注的职业精神。利用实训室举办多种多样的会计实践活动、会计专业竞赛活动，激发学生钻研会计业务的积极性，通过经验积累，快速提高学生的实践能力。再次，进一步深化校企战略合作，继续探索现代学徒制教学模式，组建校企双方专兼结合的教学团队，在专业教学中融入来自行业、企业的先进理念，由学校会计专业教师和企业优秀管理人员、技术人员共同承担会计专业的教学任务，共同完成会计专业的发展规划、课程建设、教材建设、实习实训等，指导、带领会计专业教师优化教学方法、提高教学质量，提升教学业务水平，在实践中培养学生精益求精的专注品质和工匠精神。

（四）提高会计专业教师队伍的职业素养

会计专业教师的综合素质决定了会计专业学生工匠精神的培养效果，要有效发挥工匠精神在会计专业人才培养中的作用。首先，应该给予学生相对平衡的指导，会计专业教师要具备将专业理论知识与实践能力完美融合的教学能力；其次，要提高会计专业教师队伍的职业素养，定期对教师进行专业知识和职业能力培训，锻炼其实践能力，促使其有效地将专业理论知识与具体实践工作相结合，更好地培养学生；最后，鼓励教师利用自己的业余时间走入企业进行兼职、学习，让教师真正到学生未来的工作岗位中进行实际操作，学习企业的职业技能要求和标准，并将其转换成教学讲义和课件应用到教学中，全面提升其专业素养和教育教学能力。

在高校会计专业教学中融入工匠精神，不仅能够进一步提升会计专业学生的专业技能和职业能力，还有助于促进学生综合素质的良好发展。高校在今后的会计专业教学过程中，要进一步明确社会、行业和企业对会计专业人才的发展需求，根据会计岗位所需的技术技能与职业素养要求，将会计行业前沿发展趋势和要求及时转化为学生岗位能力的培养标准，积极转变教学思路，把工匠精神渗透到会计专业教学的每一个环节，更好地培养学生的工匠精神，不断满足社会对高素质复合型会计专业人才的迫切需求。

第五节　基于人工智能的高职院校会计专业教学改革

近年来，人工智能技术的迅速发展，虽然为会计行业带来了巨大帮助，但同样也对会计人才提出了更高的要求，而高职院校作为会计人才培养的主阵地，自然需要在会计专业教学方面做出调整。为此，本节从人工智能时代下的会计行业发展入手，对会计行业人才要求发生的变化进行了分析，并在此基础上为高职院校会计专业教学改革提出一些建议。

在人工智能技术得到广泛应用的背景下，传统会计行业的很多工作岗位都开始被财务智能机器人所替代，而会计行业也因此发生了巨大的变革，对于高职院校来说，要想在人工智能时代下培养出符合会计行业市场需求的人才，就必须针对会计专业的教学工作进行创新，因此，对于人工智能时代高职院校会计专业教学改革的研究是非常具有现实意义的。

一、人工智能对会计行业人才需求的影响

（一）基础会计人才需求减少

从目前来看，人工智能在会计行业中的应用主要体现在财务智能机器人使用上，近年来相关企业所推出的财务智能机器人虽然具体功能存在不小的差异，但大多都具备工作效率高、计算准确、持续性强等方面的特点，能够很好地完成记账、报账、算账、催缴账单等基础性的财务工作，由此可以看出，财务智能机器人虽然在特殊性问题的处理上仍存在诸多不足，但已经能够代替初级会计人员，并取得比初级会计人员更好的工作效果。在这一背景下，从事程序化、重复性操作的基础会计人才将不再被企业所需要，未来会计行业人才市场的需求必然会转向中、高级会计人才。

（二）综合型人才更受欢迎

在科学技术迅速发展的今天，人工智能、大数据等各种先进科学技术都在会计行业中得到了应用，其他学科与会计学科间的联系也变得更加密切，如数学、外语、逻辑学、心理学等学科的知识技能，都已经成为会计人员所必须具备的基础文化素养。因此对于绝大多数用人单位来说，具备管理能力、创新能力、合作意识、较强业务能力等多方面综合能力的复合型人才显然能够更好地完成各项工作任务，同时也会在人才市场中更受欢迎。

（三）自主学习能力更加重要

作为应用型学科，其学科知识内容往往会随着时代的发展而不断变化，尤其是在人工智能不断发展的时代下，会计学科所涉及的知识内容也就变得愈加复杂，知识更新速度同样越来越快。因此，会计人员要想在职业生涯中保持良好的业务能力，仅仅依靠学校中所学的知识是远远不够的，只有对会计行业知识更新进行密切关注，并对新知识进行不断学习，才能够避免被时代所淘汰，而在这一背景下，自主学习能力对于会计人员来说显然是至关重要的。

二、人工智能不断发展的时代下高职院校会计专业教学改革的有效策略

（一）转变人才培养战略

一直以来，会计专业知识与技能都是会计人员完成各项会计工作任务的重要基础，同时也是职业教育会计专业教学的重中之重，因此，对于很多高职院校来说，会计专业教学通常都是以培养掌握会计专业知识技能的会计基础人才为主要目的，这一人才培养战略不仅符合我国会计人才市场长期以来的人才需求趋势，同时也与我国高职院校的教育教学水平相契合。然而，随着人工智能的不断发展，高职院校的这一人才培养战略却必须做出及时的转变。首先，财务智能机器人的出现使企业无须再招聘会计基础人才，很多基础的核算工作可以借助智能机器人来完成，未来会计基础人才必将逐渐失去目标岗位，因此，高职院校必须要将人才培养战略逐渐从会计基础人才培养转变为中、高级会计人才的培养。其次，会计行业对高新技术的应用不仅体现在人工智能方面，如大数据技术、云计算、财务信息系统等都已经在会计行业中发挥出非常重要的作用，单纯掌握会计专业知识技能的会计人员虽然仍然能够完成各会计岗位的部分本职工作，但在面对这些新技术、新设备时，却很容易出现无从下手的情况。因此，未来高职院校还需将人才培养战略从单一型人才的培养转变为复合型人才的培养，拓宽现有的人才培养方向，使学生能够将会计知识与各种先进技术、其他学科知识融合起来，从而更好地适应会计行业相关岗位的全新工作要求。

（二）推动课程体系创新

在人工智能不断发展的时代下，会计行业各相关岗位的工作内容虽然存在着诸多差异，但却都在人工智能技术的支持下发生了较大的改变，基于全新的工作内容与工作要求，会计工作的相关知识技能同样出现了较大的变化，然而，在这一背景下，很多高职院校却并未对会计专业的课程做出及时的调整，使学生所学技能根本无法为就业以及实际工作提供帮助。针对这一问题，高职院校还需从课程体系的创新入手。一方面，财务智能机器人等人工智能产品能够代

替会计人员完成基础性的工作，因此针对这类工作所开设的课程应及时删除，如珠算、点钞等，以提高教学效率，避免课时的浪费，而如对账、记账等课程作为学习其他课程的基础，虽然仍存在学习的必要，但需要进行适当的删减。另一方面，当前会计人才对于财务风险管理、融资投资决策、资金运营管理等方面的能力十分重视，因此高职院校还需增加统计学等相关课程的课时，或是对课程内容进行进一步的拓展，以适应会计行业人才市场需求。

（三）加快新课程开发

前文中提到，人工智能不断发展的时代下高职院校应将人才培养战略逐渐转向对复合型人才的培养，然而要想让学生成为复合型人才，除了要对现有课程体系进行调整与创新，还需要根据会计行业相关岗位的实际工作要求，对新课程进行开发。首先，人工智能技术的应用虽然能够将会计人员从机械性、程序化的基础工作中解脱出来，但由于技术尚未完全成熟，因此，很多人工智能产品仍然存在着一定的系统风险，因此高职院校需要综合编程语言、计算机基础等方面的知识，开设计算机课程，帮助学生尽快掌握计算机相关知识，使其既能够具备较高的计算机、信息系统操作水平，同时也能够在人工智能设备出现系统风险时进行正确处理。其次，在初级会计人员被财务智能机器人所取代后，会计人员的工作内容会更偏向于财务分析与财务决策，高职院校还需要开设数据挖掘分析、营销策划等方面的课程，使学生具备一定的分析与决策能力。最后，一旦财务智能机器人得到广泛应用，会计行业相关岗位就会大大减少，而会计人才间的竞争也会更加激烈，高职院校还需开设团队合作、人力资源管理、电子商务等方面的课程，这些领域的知识虽然与会计专业并无直接关联，但却是会计行业相关岗位在实际工作中需要用到的，如果学生能够通过对这些课程的学习，实现综合能力的提升，那么在激烈的就业竞争中，就能够占据更加有利的地位。

（四）重视软硬件教学设施建设

人工智能对会计专业教学的影响不仅仅体现在会计专业的人才需求上，以人工智能技术为基础的各种现代教育设施也同样能够为会计专业教学带来巨大帮助，因此，高职院校需要加大资金投入，持续推进软硬件教学设施的建设与应用，为会计专业教学工作的开展创造更为有利的基础条件。例如，在会计行业各岗位的实际工作中，需要借助智能化设备来完成各项工作，因此高职院校也同样需要引进这类设备，为实践教学提供支持。

（五）强化产教融合与实践教学

未来会计人员的工作内容会更多地围绕财务数据展开，会计人员需要以企业战略为基础，深入分析财务数据，并对财务信息进行全面整合，而要想让学生具备完成这些工作任务的能力，仅凭理论教学显然是远远不足的。要提高学生创新能力、实践能力、解决问题能力的发展，在进入工作岗位后，就很容易适应企业发展需要。因此，未来高职院校的会计专业教学需要从产教融合入手，与行业内具有发展潜力的企业建立密切合作关系，在根据企业需求改进教学内容的同时，为学生提供更多参与工作实践的机会，使其能够在具体的财务分析、财务决策实践中得到锻炼，掌握更多实用综合技能，并实现创新能力的提升。另外，也要坚持“因材施教”的教育原则，与政府、企业共同组织各种各样的学科竞赛活动，鼓励学生根据自身特长与兴趣来参与到企业实际管理问题的解决中来，并运用所学知识来探究问题的合理应对方案，积累实践经验，这样学生在进入工作岗位后，就能够迅速进入工作状态。

（六）加强职业道德教育

人工智能技术的应用在改变会计行业相关岗位工作内容的同时，也使相关法律法规出现了一些问题，在新法律体系未能得到完善之前，会计人员在工作过程中往往无法得到有效的监管，因此，在现阶段，会计人员的职业道德素养就显得尤为重要。未来高职院校的会计专业教学必须重视职业道德教育，通过思想教育、实践活动等多种途径来提高学生的职业道德素养，帮助其树立正确的会计职业观。

总而言之，人工智能时代的到来对会计行业造成了巨大的影响，也对会计人才提出了更高的要求，因此，高职院校必须围绕会计人才的全新要求，对会计专业教学进行全面改革，使学生更好地实现就业。

第六节　翻转学习与会计专业教学改革

随着信息技术日新月异的更新，大数据、云计算、人工智能等技术浪潮发展也如火如荼地进行着。信息技术推动会计信息化向更高的水平和更大范畴拓展，会计信息化在信息技术的推动下要将科技技术与会计教学进行融合，运用信息化丰富教学手段、增加学习途径，与传统教学相得益彰，提高课堂教学效果，提升教学质量。从翻转学习的起源、翻转学习相比较传统教学模式的创新展开讨论，找出传统会计专业课程教学中需要改进的问题，并提出翻转学习在会计教学中的改革思路。

一、翻转学习概述

翻转学习是对翻转课堂的进一步引申和发展，它将直接教学从群体学习空间转移到个别学习空间，从传统的班级集中式学习转变为交互的、动态的个性化学习。老师由授课者改变为课程引领者，引导学生应用概念和创造性参与自主学习，实行每个学生的个性化教学。教师可以自由使用课堂时间开展个别指导和小组学习，保证教学内容的顺利完成，让每个学生学有所成。

翻转学习教学较传统教学模式具有以下特点：第一，通过构建学生自我学习、探究性学习和合作性学习的信息化环境来引导学生自主学习，提升自我学习能力。在翻转课堂中通过自我钻研、学习，积极主动发现疑惑、问题并进行解决；第二，教学方式由传统的“先教后学”转变为“先学后教”，学生带着疑惑、问题来到课堂，可以提高学生学习的主动性和效率，课堂上更侧重于学生对知识的运用，有效地实现“做中学、做中教”；第三，老师的角色从课程内容讲授变为教学指导，老师有更多的机会去观察学生自我完成作业或者小组学习交流情况，老师的作用就是针对每个学生的学习进度加以辅导；第四，建立结果性评价和过程性评价互通的多元评价方式，可以从多维度、多层面建立全方位考评系统，扭转传统的单一评价形式不能全方位掌握学生学习的情况；

第五，真正实现因材施教，翻转课堂能关注到每个学生，翻转课堂可以让全部学生理解掌握课程知识点，帮助先进学生继续进步，带领后进学生迎头赶上。让学生热爱学习，课堂中不再束缚拘谨，和老师成为亦师亦友的关系，建立积极互动融洽的学习气氛。

二、传统教学模式下会计专业课程存在的问题

会计专业课程具有很强的理论性，如《基础会计》《财务会计》等课程中涉及很多专业名词：权责发生制、资本性支出、收益性支出、借、贷、结转等，内容抽象，理解记忆有困难，尤其是初学者很难理解它们的概念并厘清它们之间的关系。在以往的教学模式下，学生缺乏自主性，缺少自我思考、分析，很难构建基本的逻辑和思维方式，老师在课堂上花费相当一部分时间对理论知识进行讲解，但学习效果往往不是很理想。

以往的教学模式侧重理论教学，实践教学缺乏，教学手段需要改进。当前很多院校会计专业课程的设置仍然是以学科为中心，包括公共基础课、专业基础课、专业方向课等，人才培养方案并不是按照职业岗位能力要求设置的，课程内容与实际工作需求有部分相脱节。理论课程所占比大于实践操作课程所占比重。

另外，职业院校财会专业教师基本都是从学校到学校，缺乏实际财会工作经验，上课依靠黑板加粉笔或PPT，缺少实操、实训等教学。会计工作是对企业实际发生的经济活动的记录，对于大部分学生来说，从来没有接触过企业，对企业的感性认知基本全无。而会计又是一门操作性较强的专业，需要把理论知识转化为实际操作技能。

另外，还有考核形式单一的问题。长久以来对学生学习效果的检测手段以纸质闭卷考试为主，用学生的考试成绩来评价学生。这种做法不能全面地评价学生的专业水平，容易出现高分低能的情况。

三、翻转学习在会计教学中的改革思路

（一）课程资源的整合与建设

构建基于翻转学习下会计课程教学模式的改革，第一步是对课程内容进行整合和进行资源库的建设。

首先对课程体系进行整合，如基础会计课程，传统的教材内容以理论知识为核心、按会计核算方法体系来安排。而翻转学习可以基于会计工作过程的项目进行，以会计实际工作流程为主线，以实际工作任务为驱动，根据会计工作流程的逻辑对教学内容进行重新组织，依序为建立账簿、填制与审核原始凭证、填制与审核记账凭证、登记会计账簿、对账与结账、编制财务报表、整理与保管会计档案等七个项目，每一个项目融合理论与实践，通过任务驱动式教学法和案例教学法的运用，实现教、学、做的三合一。这样可以为学生搭建一个清晰的会计整体工作框架。同时融入会计从业资格考试和会计技能大赛要求，使学生在边学边做的过程中具备基本且规范的会计实务操作技能，提升职业道德素质，为后续专业课程的学习、会计考证及日后从事会计工作打好基础。

其次是教学资源库的建设。在翻转学习理念下，纸质的教材、习题、教学课件、教学设计、微课视频、网上相关教学视频都是课程教学资源。以学生为教学主体的翻转学习不是用视频和网络资源代替书本，而是将这些资源进行融合，使课堂教学资源立体化，实现线下课堂和线上课堂互补，达到学生移动化、碎片化、自主式学习。在信息化下会计课程教学中资源库最起码包括微课视频和学习包。微课视频为会计课程的翻转学习提供强大的课程支持，将会计课程中的知识性内容制作成微课视频，每个微课讲解一个知识点，视频时间在 10 分钟以内，教学内容短小精干，教学目标明确，重点突出，将知识点任务化、碎片化，重点突出一个“微”字，提高学生学习兴趣。同时教师在每个项目中配备一个学习包，在学习包开头，编写一个总纲，列出一系列的学习目标、相应的视频、需要从课本上阅读的课文、需要完成的学习活动以及需要完成的任务等。总纲就像一幅地图，引导学生越过单元的学习之路，为他们提供恰当的

学习框架和辅助性活动，来帮助学生达成他们的学习目标，让学生在最短的时间内理解知识点。通过云班级、雨课堂等互联网平台将教学视频发布到班级空间，每个学生可以根据自己对知识的掌握程度控制学习进度，如对某个内容不理解，可以暂停或者反复学习，查漏补缺，直到掌握为止，学生可以在相对轻松的氛围中学习，随时复习和巩固知识。

（二）课堂教学模式的设计与实施

会计课程教学内容的设计以理论为基础，以实践为主线，结合会计工作情境，引领学生各自带着问题学习，让学生对会计工作有直观、感性的认识，了解会计在实际工作中会遇到的问题，进而展开探究性学习，将会计理论知识转变成实际操作技能。例如，基础会计课程，以会计实际工作流程为主线，以实际工作任务为驱动，将教学内容设计成七大教学项目，将每个项目包含的工作任务进行细化，分为若干微课设计点。

课堂教学实施采用云班级、雨课堂等互联网平台，为学生和老师提供了基于移动交互式教学资源的教学互动支持。在翻转学习过程中，将传统的“课堂教学”改变为由线下课堂和线上课堂两部分组成。首先是线下课堂，通过互联网平台，学生在观看视频的基础上，需要记录学习的知识点以及在学习过程中遇到的难点，并完成老师布置的基础的针对性练习。其次是线上课堂，老师可以通过布置的线下任务查看学生观看教学视频学习的情况，根据学生的记录查看学生的学习进度和学习情况。课堂上通过教师的答疑解惑和同学间的相互交流，增强对知识点的理解和把握。接下来根据教学内容的重点、难点进行拓展学习，教学任务难度可以逐层递进，主要分为基础任务、能力提升任务和综合任务。基础任务可以用于观看视频后的线下任务，能力提升任务和综合任务用于线上学习，分别用于检测课堂教学效果和学生的综合理解、运用能力。基于任务的学习，在同一个课堂上，所有学生都在进行着不同的活动，有的学生在观看教学视频，有的组成学习小组学习课程目标，有的在利用平台进行在线模拟教学，有的在小组讨论，有的在做测试题。学生承担起了自主学习的责任。教师在课堂中起到的是引领、指导作用，教师有更多的时间对学生进行专门的答疑、指导，可以是一对一的交流、辅导，也可以对错误率高的题目进行统一讲评。最终采用小测试等方式，进一步了解学生对知识的掌握程度。如此，一方面激发学生自主学习感悟，另一方面为教学内容的深化、学习难度的提升匀出时间。

（三）考核评价方式的多元化

在翻转学习理念下，为了多维度、多层面评价学生的学习情况，应不断完善课程考核方式和方法。第一，学生线下学习情况，包括学生在线学习时间、练习完成情况、问题提出次数等；第二，线上学习情况，包括学生课上任务完成情况、与教师交流情况、小组讨论情况等；第三，实训作业、考试成绩，包括每次实训作业成绩、平时、期中和期末考试成绩。

整个考核评价体系应包括以下三点：一是过程评价与结果评价相结合，通过评价学习过程和学习结果，对学生知识、技能和能力进行综合考核，重点突出学习过程中单项工作成果、工作态度、职业素质等的考核；二是理论评价与实践评价相结合，对理论课程的考核突出对知识应用能力的考核，教师采用口试、笔试或上机考试等形式，对实践课程考核，侧重考核学生的实际业务操作技能，渗透职业道德、行业规范的考核；三是学生自评、小组互评和教师评价相结合，评定学生在实践活动中的协调能力和沟通能力，全方位考核学生的职业素养。

在教育信息化下，随着计算机技术、多媒体技术和网络技术在会计教学中的应用，会计课堂教学不应局限于某种授课手段，应是多种教学形式的叠加。教师可以采用慕课、微课等多种教学手段和技术，丰富教学方式方法，逐渐向师生合作工作创新的翻转学习模式进行转变，以实际工作任务驱动学生自主学习，培养具有会计综合职业能力的发展型、复合型、创新型的技术技能型人才。

第七节　工学结合与高职会计专业教学改革

会计行业的发展时刻受到社会的广泛关注，培养一批高素质的会计从业人才是高职院校会计专业的目标和方向。但是从目前来看，高职院校中的会计教学仍存在着部分尚待解决的问题，实现工学结合，加强理论知识与操作实践能力的并重应该受到极大的关注与重视，针对于此，本节详细介绍了工学结合模式的优点，目前高职会计教学中的问题，以及工学结合模式下未来高职会计教学改革方向。

一、工学结合模式的优点

将工学结合模式应用到高职会计专业的教学中，是具有极为重要且深远的现实意义的。

第一，在工学结合模式背景之下开展高职会计专业教学，可以让学生清楚地了解和掌握自己在会计专业学习中的目标，在明确会计工作具体内容的基础上进一步规划好自己未来的职业发展方向。

第二，工学结合模式将学习和工作需求紧密结合，对于会计专业人才的培养具有针对性，而且有利于学生在毕业之后迅速适应工作的条件和外部环境，在一定程度上可以缓解当前严峻的就业形势。

第三，在该模式下，设有会计专业的学校可以和企业公司进行有效沟通合作，这不但使学校的教学环境和设施得到了很大程度的改善和发展，而且还能够为企业的持续健康发展准备充足优秀的人才。由此看来，工学结合模式之下的会计教学对于企业和学校是双赢的选择和必然趋势。

二、目前高职会计专业教学中存在的问题分析

（一）偏重理论知识而忽视实践应用

在目前阶段中，还有相当一部分高校在进行会计专业的教学工作中仅仅停留在对理论知识的传授上，往往忽视了对于学生动手实践能力的培养和加强。

学校教研部在设定教学目标时仅仅关注学生理论知识的记忆和掌握，缺乏对于实践教学的具体安排。然而，会计专业作为一门实际操作功能十分强的学科，如果未能在学习过程中进行相关实践活动的有效开展，往往会使学生对于某些内容和知识理解不清，或者仅仅是通过记忆掌握，根本没有从实质上理解相关内容。

（二）教育过程盲目化太强

教育目标的设定，不仅仅能够为整个教学活动过程的开展指明方向，而且能够有效地控制和监督教学效果，评价教学行为。对于教育目标的设定，应该基于对当前会计人才和市场需求的仔细研究，制定出一套系统完整、与时俱进的会计人才培养方案，使学校的会计人才培养符合当前企业单位的需求和标准。但在实际中，很多高职院校并没有设定有关人才培养的明确目标，长久来看，不利于该校会计专业师资力量和综合水平的提高。例如，当前会计专业中税务代理是要求每一个会计从业人员都需要掌握的一门本领，但是由于对会计从业的工作内容没有进行系统研究，这对于学生毕业之后踏入社会进行工作岗位竞争是十分不利的，学校应该加深企业用人方向的探究，形成明确、具体的会计培养目标。

三、工学结合模式下高职会计专业教育改革方向

（一）加大实践教学比重

会计专业本身对于人才的实践动手能力要求较高，而且需要掌握系统完善的综合知识体系，考虑到这一点，学校方面应该加大对于实践动手能力教学活动的安排和教学方案的制定，形成科学合理、理论知识与实际操作并重的教学模式。如果能够将这一教学模式贯彻执行下去，不但能够促进学生积极性和创造性的发挥，而且可以使学生在实际操作时感受到会计专业带来的挑战感，增强对于会计知识学习的主动性，奠定扎实稳固的会计知识基础。学校在布置相关工作时，应该确保实践教学比重不低于会计整体教学内容的58%，这不仅仅对于学生动手操作能力的训练具有重要意义，而且能够提高学生在实际工作中面对突发问题时的应变能力和解决能力。因此，学校可以考虑以工学结合模式为基础，并在此背景之下创新教学理念，实现学生动手实践能力的有效提高。

（二）改进教学方法

如果要将工学模式应用于会计教学中，那么教师在将实践内容融合入课堂时，应更加注重学生在教学中的主体地位的实现，在学生进行操作时，教师要

进行及时有效地沟通，指明学生产生的错误和仍需改正的问题，通过师生间的联系交流来不断提升会计教学效率，最终实现教学目标。

（三）组织多样化教学活动对学生进行激励

增强学生对于会计专业学习的兴趣和动力，不断开发多样化的教学活动，是提高学生会计学习效率的主要途径。为了提高学生之间的竞争力，学校方面可以组织会计从业操作竞赛，通过学生之间的表现和竞争，对表现优异的同学进行嘉奖和鼓励，对于在实际操作中产生的问题和现象，教师可以实地教学，同学生进行分析交流。这样一来，学生不仅仅能够透彻、全面地理解会计电脑软件，还可以进一步加强对于会计从业时遇到相关问题的预见和分析能力。学校教研部针对学生在竞赛中出现的问题进行分析归纳，在此基础上形成一套具有针对性的会计教学方案。

（四）扩大学生实践场所

实现实践教育的扩大化和顺利进行的前提，就是学校加大对于实践基地建设的投入力度。针对这一方面，学校有关部门应该拨出一定资金进行会计教学场所和设备的扩建和升级，为教学活动的顺利开展提供良好的外部环境。其次，学校也应该注重与社会上的企业单位进行合作，通过合同等方式分派资质良好的学生到相关单位进行实习，不断地扩大学生的实践场所，实现学生会计操作能力的有效提升。

（五）引入并完善会计多证考核制度

实现综合素质的提升和复合型人才的培育是高职院校培养学生的未来发展趋势，针对于此，高职院校应该鼓励学生培养多技能、多能力。会计行业中的证书往往具有较为强大的竞争力，而且如果能够顺利考取，将会极大地提升自身的竞争力，促进未来的职业发展。学校应引入多证考核制度，针对不同学生，结合实际情况进行重点方面的培训，在这个过程中，不仅仅会优化学校中的学习风气，而且会使学生时刻保持危机意识，以适应社会激烈的竞争。

工学结合教育模式现在已经成为高职院校会计专业的特色和突出优势，其能够更好地将课堂所学的理论知识与实际操作体验紧密结合，培养出高质量的会计人才，不断适应当今日新月异、竞争激烈的人才市场。高职学校应该充分意识到工学结合教育模式带给会计专业的极大帮助，通过实际考察、探究分析等方式不断革新会计教学方法和途径，为社会提供源源不断的高质量人才，促进社会的健康全面发展。

第八节　电子商务环境与会计专业教学

随着“互联网 +”计划的制定，传统行业纷纷搭载上互联网平台，开创了无限商机，社会经济发生了历史性的变革。支付方式的转变对传统会计工作产生了巨大的影响，在这种新形势下，要求会计人要顺应时代的变革，在会计教学上更要转变教学理念，促进多学科交叉融合，调整会计人员知识结构，培养全方位、复合型电子商务会计人才。

自 20 世纪 90 年代以来，电子商务以人们始料不及的速度迅猛发展，在短短的 20 年时间里，随着全球网络通信和信息技术的发展，世界范围内的网络经济发生了全方位、根本性的革命。传统的经营管理方式、采购方式、组织机构、营销推广、信息收集获取等方面都发生了很大的变化。移动互联网、云计算、大数据、数联网技术等一大批词汇逐渐被人们熟悉和认同。

一、电子商务对社会和经济产生的影响

电子商务这个新兴事物的产生改变了人们的消费方式。足不出户就可以在互联网上买到世界各地的商品，这极大地促进了电商的发展。这使大家看到了商机，许多企业纷纷发展和普及电子商务，线下经营与线上营销齐头并进，传统的零售业和批发业开创了“无店铺”“网上营销”的新模式，电子商务的发展改变了传统行业的经营方式。网上银行以及各种 APP 的开发与应用，改变了以往人们的支付方式，从现金付款到刷银行卡再到移动支付，电子商务带来一个全新的金融业。

二、电子商务对传统会计的冲击

电子商务，通常是指在全球各地广泛的商业贸易活动中，在互联网开放的网络环境下，基于浏览器/服务器应用方式，买卖双方不谋面地进行各种商贸活动，实现消费者的网上购物、商户之间的网上交易和在线电子支付以及各种商务活动、交易活动、金融活动和相关的综合服务活动的一种新型的商业运营模式。

（一）电子商务对传统的会计原则发出挑战

电子商务打破了企业经营空间归属，会计主体变化频繁，强大的运算和传输功能，使成本费用的分配与摊销无法量化，电子货币成为支付的主要媒介。

（二）电子商务对会计凭证填制和审核的影响

通俗地讲，电子商务也就是电子交易，企业内部运营模式和企业间的交易方式都将以电子方式进行。这就意味着企业大多数的业务数据和会计数据完全电子化和无纸化，在整个交易过程中不再填写纸质的会计凭证，也无须对填写字迹的规范性做出要求。而电子资料在存储和拷贝过程中对会计凭证的真实性和合法性提出了质疑。

三、电子商务对具体会计工作的影响

（一）电子商务对会计核算的影响

由于电子商务使部分企业充分利用互联网平台，不需要固定的生产经营场所、零库存的特点，使决定企业竞争力的资产不再是企业核算的重要内容，而会计信息的使用处理、管理决策成为会计工作的主流，会计信息越来越公开化，信息共享，既遏制了会计信息失真的现象，又形成社会化监督。

（二）电子商务对历史成本原则的影响

传统会计中企业资产的价值是以取得时实际发生的成本作为其入账价值，要遵循历史成本计价原则。而电子商务时代经营管理者要时刻根据市场变化调整经营策略，历史成本已经无法满足经营管理者的需要，采用现行市价法或变现价值法作为计价基础能更好地反映企业会计要素的现实质量状况，提供准确的会计信息，更具有现实意义。

（三）电子商务对权责发生制的影响

电子商务否定了会计分期，采用收付实现制。即本期实现的收入或费用不管是否归属本期，都作为本期的收入或费用；反之，本期未实现的收入或费用，即使应归属本期，也不能作为本期的收入或费用。这种改变可以更好地反映公司的现金流量，也使得会计人员能够更快、更准确地确认收入或费用。

（四）电子商务对会计报表的影响

如前所述，虚拟企业有“无店铺”“零库存”的特点，财务报表中企业资产构成发生显著变化，固定资产（存货）收缩，无形资产的比例迅速提高，无形资产将取代固定资产成为最重要的资产。电子支付手段的出现，使企业与企业之间和企业与消费者之间实现了电子货币的即时划拨，应收账款和应付账款两个科目变得可有可无。

四、电子商务与会计专业的结合

（一）转变教学理念，实现电子商务专业与会计专业的交叉融合

两个专业你中有我，我中有你，关系密不可分。专业间相互渗透融合不仅满足了专业发展的需要，也是学术研究产生重大创新性成果的方式之一。在2007年国家教育事业发展“十一五”规划纲要中提出要重视发展交叉学科；2010年又明确指出要“培育跨学科、跨领域的科研与教学相结合的团队”“促进多学科交叉和融合”，把交叉学科的发展提升到了战略高度。

（二）调整会计教学培养目标，培养全方位、复合型电子商务会计人才

当前的会计人员应具备良好的职业道德和过硬的政治素质，既要懂会计、懂管理，又要熟悉会计电算化知识、网络知识，还要熟悉电子商务软件和财会软件的使用。所以，我们培养的学生需具备以下几个方面的能力：

（1）具备较高的会计理论知识。

（2）掌握较熟练的计算机应用能力。

（3）熟悉网络经济运营的原理和流程。

（4）拥有辅助决策、参与决策的管理能力和创新能力。

（三）调整课程体系

按照电子商务环境对会计人员知识结构提出的要求，会计教学课程应覆盖基础知识、信息技术知识、会计专业知识三方面。在目前会计教学计划的基础上，可增设《电子商务会计》《电子商务概论》基本理论课程，掌握一种电子商务软件的使用方法，熟悉企业网络运营流程。

（四）加强校企合作，拓展学生实习就业领域

企业是社会经济活动的主体，也是社会创新的主体，专业教师多做市场调研、企业调研，通过多种方式与电子商务企业建立密切联系，强化校企合作。利用学生顶岗实习的契机，使学生熟悉电子商务企业的行业特性，学会理论联系实际，巩固业务理论水平，提高基本技能，学会处理问题和解决问题的能力，快速地完成从学生到职场角色的转换，顺利就业。

第四章　会计专业教育教学创新研究

第一节　微课视角与会计专业教学

微课是适应信息化教学的一种新型教学模式，同时是创新教学资源的网络课程，能更好地满足学生对学科知识点的个性化学习，提高学生学习效率。本节分析了微课在高职会计教学中的特点，阐述了微课在高职会计教学中存在的问题，基于微课视角对会计专业教学改革进行了探索，旨在培养高素质、高技能、实用型会计人才。

近几年，互联网技术和计算机技术广泛应用于社会各个领域，许多高职课堂教学使用了信息化技术，微课已作为高职教育信息化的教学手段，成为高职教育新型的教学模式，将改进传统教学中存在的弊端，充分利用各种教学资源，增强学生学习积极性，提升学生学习效率，提高学生课堂学习的质量，培养合格会计人才。

一、微课在高职会计教学中的特点

微课是“微型教学视频课程”的简称，将传统课堂授课中知识的重点和难点浓缩成短视频，它是以教学视频为载体，针对教学环节或知识点而开发设计的适合学生学习的网络课程资源。微课在高职会计教学中应用，主要是将会计教学中的难点、重点拍成短视频，以供学生课前、课后预习、复习使用。

（一）会计微课短而精

微课是教学短视频，主要特点是短、微，一个微课对一个主要知识点的重点和难点进行讲解，是重点、难点讲解的浓缩。一般一个微课 10 ~ 15 分钟，较为适合高职学生。有些高职学生学习主动性不强，课堂注意力不太集中，微课时间短，学生较容易感兴趣。

微课虽然短但内容精简。微课主要针对会计学科某一知识点或技能操作进行讲解，视频中将主要的技能操作要求重点突出、语言精练、结构完整。

（二）会计微课拓展教学资源

会计教学中知识点是由浅入深、层层递进、环环相扣的，前面知识点未学好，便影响后面知识点的学习，导致个别学生整体科目学不好。学生理解力和学习能力有个体差异，在课堂上不可能全部兼顾，微课较好地解决了这些矛盾，学生可以通过微课在课后进行复习，可以多次复习直到将知识点学懂，这样不仅节省了课堂教学时间，而且提高了教学资源的利用率。

教师在课程上围绕知识点讲解的内容受时间限制讲解内容有限，可以通过微课将与知识点相关的教材以外的内容加入资源中，通过会计微课进一步理解知识点，拓展学生专业视野，提高教学资源的利用率。

（三）会计微课培养学生自主学习能力

教师通过微课设计教学内容和教学环节，将各个教学环节有机衔接，学生除在课堂和微课中听教师讲解外，还应以知识点主线为导向进行自主学习，发散思维，举一反三，不仅要学懂知识点，同时还要融会贯通、灵活运用，真正实现以学生为本、学生主动学习的教育模式，培养学生的自主学习能力。

二、微课在高职会计教学中存在的问题

（一）高职会计微课在实践中创新不够

从高职会计专业微课的实践现状来看，微课应用仅仅局限于形式上，教师将微课在课堂上播放，和教学内容没有完全融合，教学效果不显著。主要原因是微课制作质量不高，会计专业本身教学资源较少，教师没有考虑和知识点紧密衔接，反而影响了教学效果。

（二）高职会计微课教学模式陈旧

微课教学编排包括教学目标分析、教学内容编制、教学课程设计、教学过程评价等方面，微课各个环节时间要安排合理，一个完整微课可以用 25% 的时间讲解学生相关的知识概念，用 50% 的时间讲解核心知识内容，用 25% 的时间总结内容和论述。而现阶段会计微课时间编排不尽合理，在知识点讲解时速度较快，学生难以掌握。在教学实践中教师把微课作为一个单纯视频播放给学生，未对微课内容进行有针对性的训练。

（三）高职会计微课适用范围不够明确

不是所有高职会计课程都适合用微课，专业基础知识和实践性较强的课程较为适合用微课教学，理论性强的课程不太适合用微课教学。如基础会计、出纳实务、财务会计、财务软件操作实务等课程是适合用微课教学的，在教学过程中可以将理论教学、实践教学、微课教学有机结合在一起，将知识点重点、难点提炼出来，录制规范技能操作过程，制作单一技能的微课，可以帮助学生在课后复习。有些课程如高级会计实务、高级财务管理等理论性强，不适合通过微课教学。

三、基于微课视角的会计专业教学改革探索

会计专业是一门专业知识强的学科，不仅要求掌握基本会计理论知识，更需要掌握会计各项业务操作技能，在教学过程中灵活运用微课教学有利于激发学生的专业学习兴趣，有利于学习扎实地掌握操作技能。

（一）基于微课视角的会计专业教学课程适用范围

会计专业微课适用的课程主要有三方面：基础知识强的课程、操作性强的课程、学生自己的作品展示和操作过程。

基础知识强的课程。学生通过这些课程接触专业知识，开始学习时感到很抽象，难以理解，可以通过微课激发学生的学习兴趣。如讲解会计要素时，就可以以一家中小企业为例制作成微课，学生通过微课学习，一目了然地了解会

计要素。

操作性强的课程。这些课程需要学生自己操作掌握，如手工做账课程，需要学生掌握会计凭证填制、会计报表编制、会计账簿登记等。通过微课教学，学生能掌握操作技巧、步骤、重点，进而达到一对一的教学效果。

学生自己的作品展示和操作过程。学生作品和操作过程通过微课展示，极大提升了学生学习的积极性，满足了学生的表现欲望，也为其他同学提供了借鉴，形成学、比、赶、超的良好学习局面。

（二）基于微课视角的会计专业教学微课制作

首先应提高会计教师对微课应用的认识，转变对微课的看法，微课不仅仅是丰富教学形式，还应是教学主要载体，是提高教学质量的有效手段。

其次在微课设计时应分析授课对象、立足学生本身，结合讲授内容科学合理地设计教学目标、编制教学内容、创设教学过程，微课内容要和教学内容完全紧密衔接，在教学内容中提炼重点、难点录制成微课，要求制作简单易懂且容易记忆的视频。

（三）基于微课视角的会计专业教学方法改进

首先，教师借助微课将会计课程内容进行碎片化，将整个课程分解为多个碎片，每个碎片就是一个知识点，将其制作成为一个微课，碎片之间要有机串联在一起，便于学生对每个知识点的掌握，学生未掌握的知识可以不受时间、空间局限学习。

其次，教师借助微课对会计课程内容进行补充。受到教学时间的限制，课堂上教师只能按教学内容讲解，不能过多拓展教学内容，教师可以将拓展的教学内容录制成微课，丰富学生的学习内容，满足个性化的学习需求。

再次，教师在课堂上以学生为主体组织教学，可以通过“交互式”教学方法使学生参与到教学中，微课教学采取小组教学，小组之间通过讨论、辩论、互换角色等模式，活跃学习氛围。在实验课教学时可将操作规范的小组的操作过程录制成微课，当堂播放，其他组同学进行点评，这种教学方式极大地促进了学生学习的积极性、主动性。

最后，教师对学生学习微课进行评价，评价主要有学生微课内容掌握情况调查、学生对新教学方法适应性情况调查、学生学习微课效果考核调查，以便更好地对微课教学进行改革。

微课是适应信息化教学的一种新型教学模式，同时是创新教学资源的网络课程，因此，教师在会计专业教学中要以学生为本，科学合理地设计好灵活、高效、简洁的微课，采取多元化教学模式，改进教学方法，全面提高会计教学水平，提升教学质量，培养满足社会需求的技能型人才。

第二节　慕课与高职会计专业教学改革

现在信息网络技术高度发达，为信息的传递提供了越来越便捷的途径，对于现代社会中的人们来说，互联网络技术极大方便了人们的生活。高职会计教育不断发展，也要重视教育的升级更新，慕课模式下的高职会计教学方便学生利用网络工具进行不限时间、地点的学习，便利的学习模式激发学生的学习热情，同时将学生的专业知识学习面扩大，为学生带来更加先进的会计行业知识，提升高职会计教育的水平，有利于高职教育目的实现。

高职教育对于新鲜教学模式的接受度较高，高职教育主要为现代经济社会培养能够直接进行经济生产的人才，高职会计教育是高职教育领域的重点，会计行业在经济社会中起着举足轻重的作用，对于现在的高职会计专业教育来说，教育效果的提高是进行教学改革的目的。慕课教学模式将传统教学与网络相联系，提高了高职会计教育的教学效率，为高职教育的改革提供新思路、新方式。基于慕课模式的高职会计教学尚处于初步发展阶段，所以还需要在实际工作中不断探索。

一、基于慕课模式的会计专业教育教学改革优势

在互联网时代背景下，慕课教学模式成为教育领域的新宠。它利用强大的互联网络技术，实现对课堂时间、地点的突破，同时其海量的学习资源也极大地促进了高职会计教育的发展，相较于传统的高职会计教育主要表现出了以下优势：

（一）打破了传统课堂的时间空间限制

慕课模式的教学，将课堂的时间以及空间限制打破，传统课堂只要课堂结束就意味着对于会计知识的传授活动的结束，现在通过互联网技术手段的帮助，教师将讲解拍成视频，放在慕课学习中心，学生可以根据自己的安排以及兴趣、需求进行学习，有效避免传统课堂上教师无法照顾到每个学生的问题，可以实现对某些知识点的重复讲解。

（二）海量的教学资源，可以进行同步的会计行业知识更新

慕课教育模式，通过互联网进行课程传播，互联网对于相关信息的储备能力强大，能够为学生提供海量的学习资源推荐，或者根据学生的需求进行筛选，有利于学生进行自主学习。会计行业对于经济信息的获取依赖性强，会计专业学生也需要储备大量的经济以及会计行业信息，平时学生对于网络上海量信息的辨识能力较差，在慕课教学模式下，教师可以对相关信息进行梳理，为学生提供正确的信息。慕课也可以实现对于会计相关信息的即时更新，保证学生掌握会计行业前沿发展变化。

（三）以学生的主体

在传统课堂中，为了保障课堂教学的进度，教师往往认为学生进行自主思考将影响教学进度，忽略了学生在课堂上的主体地位。现在通过慕课教学模式，教师可以将基础知识的讲解放到学习中心，让学生进行自行学习，然后在课堂中解决学生不理解的知识问题，为学生提供讨论的时间，增强学生在课堂上的参与感，同时激发学生的学习兴趣。

（四）利用网络视频名师授课，减少师资力量薄弱带来的阻碍

慕课模式能够通过名师视频授课的方式，使学生能够了解到行业的变化，对重难点知识进行深化理解，能够在一定程度上弥补高职会计院校师资团队建设的不足，通过资源共享等方式，让学生接收到优质的教学内容。

三、在慕课教学模式下，高职会计教学改革的应用探索

慕课教学模式在现在的高职会计教育中的应用不断发展，实践证明慕课教学模式相比传统的教学模式存在很多优势，现在对于慕课教学模式在高职会计改革中的应用进行思考探究。

（一）慕课模式下的高职会计教学过程改革

在慕课教学模式下，高职会计教学过程有了极大的变化，传统课堂的一部分职能分给慕课，学生通过学习中心，获取自己需要的教学资源，教学中不仅有教师上传的课堂教学讲解，还有对于重要知识点的专家讲解、名师课堂等，学生根据自己的实际情况进行学习。教师在会计课堂学习开始以前，将课堂上要进行的板块知识提前上传到慕课学习平台上，学生进行自我预习，通过对相关资料的了解，对课堂知识有自己的理解，对于遇到的难题等可以进行记录，在课堂上寻求老师帮助。慕课平台也可以进行学生与老师的直接交流，教师可以对学生提出的问题进行汇总，在课堂上组织大家进行讨论，最后将结果公布在慕课学习平台上，学生可以进行学习。慕课学习平台有海量的会计专业知识，而且慕课模式的教学在知识点梳理方面有强大功能，对于知识点之间关系的因果等都有详细说明，学生通过慕课学习中心能够学习到会计相关知识以及经济社会的最新变化，同时慕课中心的海量会计工作案例，也有利于会计学生的专业能力锻炼。

（二）在慕课教学模式下的高职会计教学手段改革

在慕课教学模式下，出现了与其相关的翻转课堂，对于会计专业教育来说，这种教育手段，改善了一直以来教育中存在的教师与学生之间课堂定位。翻转课堂不同于传统课堂教学，是将要学习的知识先放到学习中心，学生进行自主

预习，结合老师预留问题进行思考，借助互联网技术能够实现师生之间以及学生之间的探讨，保证学生在课堂上的参与感以及最终解决问题的成就感，不断建立起学生进行学习的自信心，有利于激发学生的学习兴趣，依靠翻转课堂，能够实现学生以及教师课堂定位的转化，发挥学生的主体地位，保障学生对于教学课堂的正确态度。

（三）在慕课模式下的高职会计教学中对于学生的评价机制改革

在现在高职会计的发展改革中，还面临着对于学生的评价机制不完善的问题，对于学生的教育中评价机制是否合理，将影响到学生进行学习的兴趣。在慕课教学模式下的学生评价机制，通过对学生参与学习讨论的次数以及准确度进行评价，同时结合学生对于相关知识的掌握程度以及在视频学习时对于即时问题的回答，进行综合评价，使学生产生公平感，同时有利于提高学生参与课堂的积极性，激发学习兴趣。

高职会计教育在慕课教学模式下的改革，是对传统高职会计教育的补充，尊重学生在课堂上的主体地位。现在慕课教学模式在高职会计教育中不断普及，即使社会不断发展的作用，也是高职会计教育改革的需要，高职会计教育需要进行改革发展，满足现在市场对于会计人才培养的要求，提高高职会计教育水平和会计人才教育质量。

第三节　技能竞赛与会计专业教学改革

随着各类技能竞赛的开展，以技能竞赛带动专业发展已成为必然趋势，如何通过会计技能竞赛，加快会计专业教学的改革已迫在眉睫。本节主要从教学观念的改变、人才培养方案的完善、会计相关课程以及教学方法的改革、师资队伍能力的提升、实训条件的健全等方面探讨技能竞赛对会计专业教学改革带来的深刻影响，以真正实现“以赛促训、以赛促学、以赛促教”之功效。

2014年《国务院关于加快发展现代职业教育的决定》（国发〔2014〕19号）在“提高人才培养质量，推进人才培养模式创新”里重点强调了“开展职业技能竞赛”。职业教育技能大赛经过近几年的探索和实践，已基本形成了“校校有比赛，层层有选拔，国家有大赛”的局面。职业院校技能大赛已成为培养选拔高水平技能型人才的一个重要平台。会计技能竞赛也顺应潮流、如火如荼地发展，大大推动了会计专业的教学改革。其功效主要体现在以下几个方面：

一、会计技能竞赛改变了高职会计教学观念，优化了人才培养方案，促进了职业教育与社会需求的紧密对接

会计技能竞赛的内容往往围绕职业岗位核心技能和行业专业前沿技术来命题，从不同角度模拟会计、税务、银行、供应商等关联方，而且紧跟行业政策变化，往往能折射出会计专业建设薄弱环节，传统的会计教学已经无法满足社会对会计人才的需要。纵览近几年高职财经类大赛，比赛的内容都是根据高职毕业生的就业岗位层次而设定的，反映了最新的岗位职业技能要求。所以，我们要及时更新教学观念，秉承“以赛促训、以赛促学、以赛促教”的理念，依托职业技能大赛，掌握市场需求信息，创新培养模式，借鉴和采纳会计行业发展的前沿技术，持续优化人才培养方案，使其更加完善、更加贴合市场需求，实现人才培养目标与企业需求的“零距离”对接。

二、会计技能竞赛引领了会计专业课程建设和教学方法的改革，突出了职业能力的培养

我们可以通过职业技能竞赛的窗口，从大赛项目内容、考评标准等方面入手，分析高职会计教学改革的方向和策略，建立和完善突出职业能力培养的职业教育课程体系与标准，从而推进会计实践教学改革。

在会计专业课程体系上，应设置以增强学生岗位技能为主线，构建以通识课、职业基础课为基础，以职业核心课为中心，以实践课程为重点，以职业拓展课为辅助的会计专业课程体系，更加注重突出职业核心技能的培养。

在课程标准上，建立和完善突出职业能力培养与训练的职业教育课程标准，通过细化、分解各岗位任务，将岗位任务与实践技能相关联，将实践技能与各专业课程相对接，规范专业课程标准。将企业的真实情境引入课堂教学，实现

在校内实训室的教学过程与企业的实际工作过程无缝对接，最终实现真正意义上的教学改革。

三、会计技能竞赛促使了师资队伍综合素质的提升，并促进了院校教师的交流学习

（一）提升了师资队伍的教学水平与综合素质

技能竞赛比的是学生，赛的是教师，教师的指导水平是非常关键的因素之一。所以，技能大赛能否取得成功，指导教师起关键作用。英国著名的工程教育专家齐斯霍姆教授曾说，只有由具有外科医生资格的教师，在外科手术室里才能培养出真正的外科医生。培养行业企业所需要的高技能的技术应用型人才亦如此，只有由具有一线实践经验、操作技能的教师，在真实的产业环境中，才能培养出真正的高技能的技术应用型人才。职业技能大赛项目的多数内容和要求具有涉及范围广、难度大、超出正常教学要求等特点。这就要求指导教师要不断更新知识体系并与企业实践接轨，才能形成一批专业知识扎实、实践操作技能强的教学骨干和优秀指导教师团队，通过备赛过程的全程指导，提升教师的教学水平与综合素质。

（二）促进了院校教师的交流学习

各类技能竞赛在为学生提供展示技能水平的同时，也为教师提供经验交流、切磋的机会。在举办方的赛前培训班中，教师不仅可以学到关于竞赛的相关指导技巧，而且给教师提供了一个交流日常教学与专业建设的平台，开阔视野，增加信息量，吸取更多的教育教学新理念；通过竞赛师资交流群，教师互相切磋、取长补短，共同提高；比赛过程中从赛场展示、同台竞技到赛后专家点评、经验交流等均提高了教师对专业技能的认识与掌握水平，同时也丰富了教师的理论与实践知识。

四、会计技能竞赛完善了校企实训基地建设，推动了实训基地硬件条件建设，带动了教学软件的同步升级

（一）职业技能竞赛推动了实训基地硬件条件建设

在技能大赛训练中，实训基地是技能训练的唯一场所。没有基本的实训条件，学生技能训练将是一句空话，要在技能大赛上取得好成绩更是无从谈起。实训基地是体现职业教育质量、特色、水平的重要标志，是提高学生实践能力、创新能力、创业能力的重要支撑，是工学结合、产学研结合的重要载体。技能大赛要与实训基地建设紧密结合，要把技能大赛赛点建设与实训基地建设紧密结合起来，则要依靠实训基地办好技能大赛。根据教学需要和大赛需要，增加实验实训工位，更新实验实训设备，优化实验实训情境。

（二）职业技能竞赛带动了教学软件的同步升级

积极引进具有丰富案例库的财会实训教学平台等软件，赛、训、教结合，是迅速提升学生职业能力和实践能力的有效手段。通过参加近几年的会计职业技能竞赛，我们确实领略和见识了诸如用友 ERP 财务软件和网中网会计实训教学软件及其竞赛平台的强大。“工欲善其事，必先利其器”，高职院校在财力允许的条件下，应该为会计专业逐步配齐这类较为成熟的实训软件。如此，既能满足日常实训教学，又可以作为参加省赛国赛等技能竞赛的集训基地，在会计实验室里就把职业技能竞赛常态化，可激励和引导学生迅速提升职业能力水平。

为促进我国会计专业职业教育更快、更好地发展，会计专业教学改革将是一个长期课题，如何寻求有效的优化路径需要我们不断地进行探索和实践。

第四节　社会需求与高职会计专业教学改革

高职会计教育现在能够培养出能够工作于现在社会经济环境中的会计专业人才，但是受到经济发展的影响，企业对于高级会计人才的需求旺盛，基层会计已经不能满足现在企业经济发展的需求。社会需求影响高职会计教育

工作成果，高职教育以培养服务于市场经济的人才为定位，进行高职会计教学的改革要以社会需求为导向。高职会计教育不能脱离对于社会需求的把控，要严格遵从社会需求的引导。

会计行业对于社会经济环境依赖性强，高职会计专业教育教学工作也应该以市场为导向，结合对于社会需求的把握进行高职会计人才的培养。会计人才能否被经济市场以及企业所接受，是检验高职会计教育成果的重要标志。社会需求下的高职会计专业教学有更加明确的发展方向，在进行改革时能够更有针对性地进行教育教学。

一、当前基本会计岗位的人才需求情况探究

通过对高职会计学生就业情况的调查，我们了解到现在高职会计教育培养出来的高职专业会计人才主要服务于基本会计岗位，在中小型企业从业的人数较多。会计行业对于社会经济发展高度依赖，在实际工作中企业所要面临的生存问题更多，现在会计在企业经营管理中数据依据地提供有利于企业精细化管理的发展，经济社会以及岗位本身的发展，都使得现在会计工作难度增加，为了挑选出能够适应经济发展需要的会计人才，企业在进行会计人才选拔时，对于人才的学历、工作经验以及会计行业相关资格证书的获取情况比较重视。现在会计工作在企业管理中的地位上升，但也对会计工作提出更大挑战，对会计人才的专业能力要求高，同时对于会计从业者的职业道德素质水平要求也更高。由于在会计管理工作中，对于企业内部各部门的信息的需求，所以，在基本会计岗位人才需求中要求从业者要有良好的沟通交流能力，由于会计工作对于社会经济变化的敏感，会计人员应该具有不断学习的能力以及创新能力。会计管理职能的发挥，也对会计人才的管理能力提出了一定要求。

二、当下高职会计专业教学情况

我国的高职会计教育在简单核算方面的培养水平不断提高，但是高职会计

教学的改革必须迎合社会需求，要进行改革工作，首先要清楚地认识现在存在的工作问题。

（一）对于高职会计学生职业道德建设工作的不足

现在的高职会计教育对于学生的会计专业理论知识教育相当重视，但是对于职业道德教育的重视不够，高职会计教育中职业道德建设工作不足。会计行业对于经济的作用较大，在职业道德建设方面应该更加重视，以减少未来会计人员工作中违反法律法规的现象，使会计行业得以规范化发展。

（二）对于会计人才职业判断能力培养的忽视

现在经济社会不断发展，企业对于会计人才的管理职能的需求旺盛，会计工作者在管理、决策方面的能力，在企业经营中发挥明显作用。高职会计教育只重视基础会计理论的教育，轻视对于会计人才的职业判断能力的培养。现在出现的财务智能化，将替代简单、机械的核算工作，高职会计教育要重视判断、决策等能力的培养，使会计人才在未来人工智能工具的冲击下，不会面临失业的危险。

（三）学生实操能力提升困难，实践教学明显不足

在高职会计教育中，由于一直以来对于理论知识的长期单方面发展，导致了现在会计学生在实操能力方面问题的出现，会计技能大赛中已经暴露出了高职会计教育中对于应用能力的培养不够重视的问题。现在的高职教育以实训增强会计学生的实操能力，通过高职会计教育领域的不断探究，创新校企共育的教学手段。

（四）课程设置不科学

现在高职会计教育中的课程设置不够合理，会计专业课程较多，各种专业课中存在很多知识重复现象。有些课程设置过于超前，不利于学生进行理解。实践课程安排较少将导致高职会计人才在实际工作能力方面水平不高，在未来的职业生活中，会计实操能力强能够为职业竞争提供优势，但是现在存在的主要问题是对于实操课程设置少，造成了高职会计人才在专业工作上的经验技术不足。

（五）学生考核评价机制不健全、不合理

现在对于高职会计学生的考核评价还是以期末考试成绩作为主要依据。高职会计教育单纯依据期末考试成绩作为评价标准，导致高职会计学生在解决方法上对于准确答案的盲目追求，不符合实际会计工作中灵活的思路要求，同时单靠成绩进行考核，不利于高职会计教育的长远发展。

三、从社会需求出发的教学改革策略

基于社会需求的高职会计专业教学改革，应该根据实际工作中所存在地问题，进行有针对性的改革，高职会计为社会培养会计人才，高职会计教学在针对会计教学中存在的问题进行改革发展时，也要重视高职会计教学工作对现在基本会计岗位人才需求达到迎合，保证高职会计院校培养出来的人才符合市场、企业经营对于会计人才的要求。

（一）基于社会需求进行高职会计人才培养目标定位

高职会计人才培养的主要目的是实现对于社会需求的满足，现在高职会计人才主要工作于基础会计岗位上，社会需求对于会计专业的要求不断变化，会计行业生存于经济市场环境，对于市场变化比较敏感，高职会计教育应该做到与人才市场的长期良好沟通，在人才培养中保证对培养目标定位的准确，不违背市场发展需求。

（二）在高职会计教学中将会计职业道德建设融入校园生活始终

现代企业对于会计人才的职业道德水平有更高要求，会计工作对于社会经济发展上的重要作用，决定了对于这一行业中从业者职业道德建设的必要性。高职会计教育为未来会计行业培养人才，市场对于会计行业的要求也是对于高职会计教育的要求，在高职会计教育教学工作改革中，要重视学生的会计职业道德建设与校园生活的融合，可以通过对每个会计学生建立信誉档案的方式，实现学生对于职业道德意识的潜移默化的培养。

（三）寻求有效机会，进行实践教学，开展技能比赛

高职教育中理论要与实践相结合，现在市场化趋势明显，对高职会计教学领域的实践教育有利于学生未来在职场上的发展、现在虽然在实行校企共育的教学模式，但是要获得预期效果，还要做到对学生参与会计工作的实践机会的把握。实践教学不仅可以通过企业工作实践，还可以通过会计技能比赛的开展来实现，促进高职会计学生的实践能力培养。

（四）优化高职会计课程设置

科学的高职会计课程的设置能够提高高职会计教育的效率，现在高职会计教育还存在很多课程设置不合理的情况，对于现在的高职会计教育来说，对会计专业课程与公共基础课程上的配置应该更合理化，公共基础课程设置人文、科学等方面内容，以满足现在市场上对于综合型会计人才的需要，会计专业人才对于自身的沟通交流能力的培养也很重要。

（五）重视对教学手段的升级，重视综合能力培养以及素质培养

高职会计教育中应该进行其他相关行业知识的渗透，以满足现在复合型人才的需求。基于社会需求下的高职会计教学改革，重视会计工作综合能力培养，将管理学、经济学与会计专业知识进行融合，更应该重视对于这些专业知识与会计专业理论之间的关系梳理，进行合理的逻辑关系联系，增强学生素质培养教育，增强高职会计学生学习的自主性、积极性以及自觉性，升级传统高职会计教育模式。

（六）建立健全对高职会计学生考核的评价机制

完善学生的考核机制，单纯依靠期末考试成绩进行学生学习的评价考核，不能很好地激发学生对于会计的学习兴趣，高职会计教学中对于学习积极性的引导是关键，应该结合学生的日常表现以及在会计技能比赛中的参与与表现情况进行综合分析，对学生进行公正的考核评价，激发学生的学习热情。

（七）重视高职会计学生对于会计专业资格证书的获取

现在社会在会计人才选拔上，对于学历以及会计职业资格证有一定要求，高职会计教育教学工作要重视这一要求，在高职会计教育中对学生进行积极引导，实行课证融合教学模式，以强制手段满足学生在会计资格证书方面的获取

需求。帮助高职会计人才在将来的会计职业竞争中取得较大的岗位竞争优势。

社会需求对于高职会计教育的影响较大，为了实现高职会计教育在社会接受程度以及就业率方面的提高，教育教学的改革应该以现在会计人才需求进行教育目标的定位。现在的高职会计教育要落实高职学生的实践教学，进行课证融合、校企共育的先进教学模式的改革，使其能够真正服务于会计教育，促进基于社会需求的高职会计专业教学的升级发展。

第五节　成果导向与高职会计专业教学改革

成果导向教学模式是以每个人都能够学会为基础，将学生当作教育教学活动的中心开展相关工作，这对促进学生的全面发展有着至关重要的作用。本节基于成果导向对高职会计专业教学改革展开探讨，以供广大教育工作者参考借鉴。

将成果导向教学模式应用于高职会计专业教学工作中，不仅能进一步提高学生在教学活动中的主体地位，还能最大限度地弥补传统会计专业教学模式的不足，从而提高会计专业教学质量，使高职会计专业教学工作得到一个质的提升。基于成果导向背景，如何做好高职会计专业教学改革工作是每个高职会计专业教师需要探讨的重要课题。笔者结合个人的从教经验与相关参考文献，从以下几方面入手，就基于成果导向的高职会计专业教学改革展开探讨与分析，以期为广大教育工作者今后的实践教学工作提供有益的参考建议。

一、成果导向教育的概念与应用原则

高职院校会计专业的教学活动，无论是在设计上，还是在贯彻落实上，其根本目的都是让会计专业的学生在教育教学过程中获得相应的会计专业成果。而成果导向教学模式注重的是让学生通过教育教学活动的开展获取成果，对学生学习成果加以评价。需要注意的是，学习成果指的是学生在学习过程中获得的，并不是学生在开展学习活动之前积累的。成果也并不单单指学生对某个会计专业内容的了解，而是要将会计专业知识转换成为学生自身的实践能力，要

实现对所学会计专业知识的贯通。因此，成果既要兼顾学生的现实生活内容，同时也要兼顾学生的现实生活技能，注重学习成果的实用性。特别是成果导向教学模式可以使每名学生都能在学习过程中感受到成功的快乐，以此更好地激发学生学习过程的积极性，使学生更好地投入到学习活动中。

在高职会计专业教学中，成果导向教学模式的应用还必须遵循清楚聚焦、增加机会、提高期待这三个原则。清楚聚焦是指在高职会计专业教学课堂的设计上，会计专业教师必须要将关注的重点聚焦在学生经过学习过程所能达到的最终结果，且会计专业教师还要对学生加以引导，使其将自身学习目标聚焦到学习成果上。清楚聚焦是在高职会计专业教学中应用成果导向模式应遵循的最基本原则之一，这样会计专业教师就能够更好地对学生的最终学习成果加以预测，从而为教学评价工作设计提供有效依据，使各项会计专业教学活动在开展过程中更具有协调性。此外，清楚聚焦也能在教学设计与教学评价中充分体现学生的学习成果，从而让师生更加享受教学和学习过程，缩短师生之间的距离。增加机会是让高职院校会计专业教师充分认识到会计专业学生之间存在的实际差异，从而在教学资源方面做好充分准备工作，使会计专业学生拥有获得学习成果的真实机会。高职会计专业教师必须因材施教，在同一时间给所有学生同等的学习机会，以满足学生的个性化发展需求。此外，要为学生提供足够的展示平台，让学生将自身的学习成果展示出来，帮助学生树立充足的自信心，以达到预期的学习成果目标。提高期待是指高职会计专业教师必须提升对学生的期待值，为学生制定相应的挑战目标，鼓励学生努力学习。高职会计专业教师必须提升自身的执行标准，以提升学生的学习水平。

二、基于成果导向的高职会计专业教学改革对策

第一，对教学内容进行合理安排。要想做好成果导向教学模式在高职会计专业课堂教学中的应用，必须从会计专业课堂教学内容入手，进行合理安排，制定科学的成果目标，注重对学生实践能力的有效提高，使学生能够更加熟练地掌握会计软件应用，具有会计信息管理能力以及经济业务分析能力。会计专

业教师必须帮助学生树立正确的成果目标，让学生充分认识到自己应达到的学习成果，从而对自身的学习过程进行合理化的安排与分配，激发学生的求知欲望，以顺利达成成果目标。

第二，对会计专业课程内容与学习过程进行积极调整。在确定学生应达成的成果目标以后，会计专业教师应对会计专业课程内容与学习过程进行积极调整，确保其贯彻落实。尤其是会计课堂教学实践是教师与学生面对面交流的重要途径，课堂实践教学能够为会计专业教师在成果目标的制定上提供有效依据，会计专业教师必须对课程内容与学习过程进行积极调整。

第三，明确会计专业课堂教学的重点内容。高职院校会计专业教学的根本目的是使学生了解会计专业业务，加强学生各项业务管理能力，使学生感受到信息技术对企业经济的提升作用。高职会计专业教师在会计专业教学过程中，应充分利用体验式教学方法，运用团队合作方式，对会计专业课堂教学的重点内容加以明确，让学生深入经济业务流程中，提高其业务管理能力。

成果导向教学模式在高职会计专业教学中的应用，可大大提高学生的主体地位，弥补高职院校传统会计专业教学过程中存在的不足，有效提高高职院校会计专业的教学质量。在今后的会计专业教学工作上，高职会计专业教师应做好成果导向教学模式的深入研究，正视成果导向教学模式具备的独特优势，并对会计专业教学加以改革，从而更好地适应成果导向教学模式的发展需求，最大限度地发挥成果导向教学模式的作用。

第六节　任务驱动教学与会计专业教学改革

会计专业需要学习大量的会计理论知识、程序，需要用到大量的数据进行锻炼。任务驱动教学法作为一种全新的教学方法，非常适合在会计专业当中应用，能够有效提高会计专业的教学效率，培养学生的创新能力、就业能力。因此，本节分析了任务教学法，分析了利用任务驱动教学法进行教学的好处和利用任务驱动教学法进行高职会计专业教学改革的措施，以供参考。

要想在教学中应用任务驱动教学法，首先需要明确任务驱动教学法的好处、特点、应用步骤，之后再根据学校、学生的实际情况来应用任务驱动教学法。

一、任务驱动教学法概述

（一）任务驱动教学法的定义

任务驱动教学法是一种向学生们布置一些任务来驱动学生们进行学习、进行思考、完成任务的教学方法，教师通过在教学过程中利用任务驱动教学法来向学生们布置学习任务，为学生们提供一种思考、感悟问题、实践的多重情境，让学生们根据布置的学习任务进行有目的的学习，教师根据学生们对学习任务的完成情况来对学生进行考核、对学习过程进行总结。任务驱动教学法与传统的教学方法不同，任务驱动教学法是教师为学生们布置学习任务供学生们进行探索和思考，将传统的教学转变为一种探究式教学，学生们在进行自主探究的过程中，自身的独立思考能力、创新能力得到培养，学习的积极性和热情大大提高，最终有利于提高学生的学习成绩和学习效果。

（二）任务驱动教学法的特点

传统的教学方法是以教师为课堂主体，教师引导着整节课堂的走向。而任务驱动教学法当中教师所布置的学习任务是贯穿整个课堂的主线，一切教学活动都是围绕着主线学习任务来进行的。学生成为课堂上的主体，教师在课堂上扮演着引导者的角色，负责引导学生对学习任务进行思考和探究。通过在教学过程中应用任务驱动教学法，能够创建一种全新的“以学定教”的教学模式，即通过学生的学习过程、学习结果来决定教师具体的教学工作。任务驱动教学法还具有能够提高学生自主学习能力、独立思考能力的特点，学生通过独立的思考、探索来对学习问题进行思考、对学习任务进行解决，自身的独立思考能力、自主学习能力能够得到提高。此外，学生遇到难以独立解决的问题还可以和同学进行沟通交流，通过合作来解决问题，学生的合作能力也可以得到大大提高。

（三）任务驱动教学法的基本步骤

在教学过程中应用任务驱动教学法主要具有以下几个基本步骤。第一，创设真实的学习情境。教师为学生们创设出一种较为真实的学习情境，这种学习情境需要与学生将要学习的知识密切相关，通过这种较为真实的学习情境来让学生积极投入到接下来的思考、学习当中，让接下来的学习变得更加形象、直观。第二，确定与情境密切相关的学习问题。教师根据创设的学习情境来确定与将要学习的知识内容密切相关的问题、任务，并让学生们带着这些问题、任务进入事先创设好的学习情境当中，让学生们在直观、形象的学习情境中去对问题进行思考和解决。第三，学生独立思考、自主学习。创设好情境和任务后，就开始了学生独立思考解决问题的阶段。这一过程中，教师需要为学生指明思考问题的方向并提供一些解决问题的思路，避免学生毫无头绪地去进行思考，浪费掉宝贵的学习时间。学生根据教师指明的思考方向和思路去查阅课本、搜集资料，可以提高解决问题、完成学习任务的效率。第四，对学习效果进行评价。应用任务驱动教学法进行教学的最后一个步骤就是对学习效果进行评价，一方面，教师对学生是否完成了布置的学习任务、得出的结果进行评价，另一方面，教师对学生在这一学习过程中的自主学习能力、独立思考能力以及团队合作交流能力进行评价，教师在课堂的最后再对任务驱动教学法的应用效果做出总结。

二、利用任务驱动教学法进行教学的好处

（一）能够有效培养学生的创新能力

高职会计专业学生所要学习的会计理论知识是十分枯燥无味、烦琐的，大量向学生们讲授会计理论知识只会降低学生们学习的热情。而利用任务驱动教学法进行高职会计专业教学，为学生们创设一种全新的学习模式，让学生们在一种真实的情境下去对问题进行思考和解决，在独立思考、自主学习的过程中掌握会计理论知识，能够起到事半功倍的效果。同时，学生们在这种学习模式下对问题进行独立思考，掌握的是解决问题的方法，自身的创新能力也能够得到有效提升。

（二）能够有效培养学生的就业能力

利用任务驱动教学法进行高职会计专业的教学，可以为学生们创设出一种

真实的工作情境，让学生们在创设的工作情境中进行学习和工作，锻炼学生的工作能力，让学生能够熟练运用自身所学的会计知识，为学生日后的就业打下一个良好的基础，从而培养学生的就业能力。

（三）能够提高学生学习的积极性

高职会计专业的学生需要学习大量的会计理论知识，需要利用大量烦琐的数据进行练习，久而久之，学生们会对学习感到疲劳和厌倦，学习的积极性和热情大大降低。而利用任务驱动教学法进行高职会计专业教学，改变了传统的枯燥无味的教学模式，将学生作为课堂学习的主体，学生的个人价值能够在课堂上体现出来。同时，学生要充分发挥自己的个人能力来对教师布置的学习任务进行思考和解决，学生学习的积极性和热情能够大大提高。

三、基于任务驱动教学法的高职会计专业教学改革探索

（一）加强相关设施、软件的建设力度

在高职会计专业教学中应用任务驱动教学法，首先需要使用一些与任务驱动教学法相关的设施和软件。利用任务驱动教学法进行教学需要为学生们创设出一个真实性较高的情境，学生们在创设的情境当中进行学习和思考才会得到最有效的锻炼。因此，高职院校应当加大对于实训场地的建设力度，为建设实训场地提供充足的资金，确保实训场地能够高质量建成。同时，在利用任务驱动教学法的过程中还需要用到一系列的软件、平台来构建虚拟的会计工作情境，高职院校也需要加大对于这些软件、平台的建设力度、更新力度，及时完善这些软件和平台，确保学生们能够从这些软件、平台构建的虚拟会计工作环境中得到锻炼。

（二）提高教师的教学水平

利用任务驱动教学法进行高职会计专业教学改革，还需要提高教师的教学水平，避免由于教师的教学出现知识盲区而无法提出切合学习内容的问题、任务，无法顺利应用任务驱动教学法进行高职会计专业教学。高职院校应加大对于教师的教育培训力度，让高职会计专业的教师具有较高的教学水平，能够迅

速掌握任务驱动教学法的具体应用步骤，并确保任务驱动教学法在实际的应用过程中有着极高的应用水平。

（三）加大对学生们团队合作能力的培养力度

利用任务驱动教学法进行高职会计专业教学，对学生的团队合作能力也有着一定的要求。教师可以根据会计工作的不同工作岗位来对学生进行分工，让学生在不同的工作岗位上模拟工作，并进行团队合作，从而提高学生们的团队合作能力，培养学生的团队合作意识，让学生在日后步入工作岗位后也能高效地开展团队合作，解决工作中遇到的问题。

综上所述，应用任务驱动教学法进行高职会计专业教学能够有效提高学生的创新能力、就业能力、自主学习能力，还可以提高教学效率、教学水平。高职院校应当加强对于设施、软件的建设力度，提高教师的教学水平，以确保任务驱动教学法能够在高职会计教学中得到良好应用。

第七节　工学结合与会计专业教学改革

会计专业教学的主要目标就是通过现代化的教育水平培养出高专业水平和高素质的会计人才，工学结合的模式有效地提高了会计专业教学的质量和水平，不仅使学生在会计操作方面更加简单方便，而且能够帮助学生更加了解会计操作的各个环节。本节从会计专业实行工学结合的意义出发，深入分析了现阶段工学结合模式下会计专业教学存在的问题，并提出了多种解决措施。

会计是一门技术性和实践性都较强的学科，在现代经济社会中的地位十分重要，如何提高工学模式下会计专业教学水平是现阶段教育工作者所要面临的最为主要的问题。

一、会计专业实行工学结合的意义

工学结合就是指将课堂中理论知识的教学和实际操作进行充分的结合，从而不仅培养了学生的实际操作能力，也有效地巩固了学生在课堂中学习的理论知识。工学结合模式最明显的特点就是学校资源和企业资源能够充分互相利用，从而实现校园学习和企业实践互惠的一种教学模式。这种工学结合的教学模式，能够使学生在学习专业基础知识的同时，通过实际的操作来加深对理论知识的理解能力，提高学生的实践能力，学生在不断的实践过程中也能够获得更多的经验，在学生毕业离校进入社会时，能够更好地适应社会的需要。工学结合模式能够使学生提高职业素养和塑造正确的职业观念，加之工学结合模式的目的就是以就业为导向的一种行为，通过这种模式在实际的会计教学中的应用，可以达到更好的教学效果。

二、工学结合模式下会计专业教学存在的问题

（一）对实践的重视程度不够

现阶段，大多数的会计专业教学在其过程中往往只是对理论知识进行教育，对学生实践的重视程度不够，甚至有的学校并没有安排学生进行任何实践操作，学校和教师只是一味地将学生学习的重点放在理论知识的记忆和对知识的考核上，另外，还有一些学校虽然设立了会计实践操作的教学活动，但是往往质量不高，学生没有在实践中对会计知识进行更好地掌握，加之，会计是一门实践性较强的学科，学生如果没有进行一定的实践操作，不仅无法了解到会计工作的性质，也无法对会计工作的流程和环节进行更好的理解。

（二）学生学习自主性不足

学生由于一直处于被动学习的状态，从小到大一直在不断地学习，这会导致大多数的学生对学习的热情不高，加之，学生很容易受外界环境的影响，学习的积极性也不是很高，这就导致学生普遍出现的问题就是学习的自主性不足。

（三）会计专业教育具有一定的盲目性

会计专业教学存在的一个普遍的问题就是没有建立一个明确的教育目标，这样就使得会计专业教育的盲目性较强。用人单位在进行人才的挑选中，希望获得专业知识较强和实际操作经验丰富的人才，盲目性的教育可能使学生无法

和社会对人才的需求保持一致，学生缺少市场竞争力，在竞争中无法占据优势。

三、工学结合模式下会计专业教学改革的措施

（一）强化实践教学

会计这门学科对专业知识和实践能力的要求很高，专业知识比较系统，所以，要想提高专业教学质量就要保证会计专业教学中有一个科学合理的教学模式，要想强化学生的理论知识，最为有效的手段就是通过不断实践使学生在实际操作的过程中了解到自身所学知识的不足之处，加深对理论知识的印象。在对会计专业教学时，学校要不断强化实践教学在学生中的积极作用，充分调动学生在学习中的积极性，激发学生的学习兴趣，继而实际操作加深对专业知识的掌握程度，了解会计操作的各个具体环节和流程。所以，工学结合模式是在对学生进行理论知识教育的基础上，强化实践教学的重要性，加强学生的动手能力，使他们更好地适应社会的需要。

（二）开展学习竞赛

教师在教学的过程中应该适当进行会计相关的学习竞赛，充分调动学生的学习热情和积极性。例如，教师定期抽查学生的学习情况，对表现良好的同学予以奖励，对表现不佳的同学进行专业知识的详细讲解，让学生感受到来自教师的温暖和关爱，自主地提高自身学习的积极性。另外，现阶段会计专业方面的工作以计算机为主，所以教师也可将学生学习的内容通过竞争的形式，使学生对现阶段会计行业现状和特点充分了解后，进行教材体系的建立，并根据结果对学生进行评比，激发学生的学习动力。

（三）转变教学方法

会计专业教学需要将理论知识和实际操作相结合才能发挥最大的教学效果，使学生能更好地掌握所学知识并应用到实际当中。转变教学方式已经成为教育工作者关注的问题，教师通过组建案例的方式，通过生动形象的具体案例，增加学生的学习兴趣，提高学生的学习积极性，在进行实际操作的过程中，学生通过不断地进行实践操作发现自身的不足，并通过教师耐心讲解解决学生在

实际操作中遇到的困难。

（四）建设实践场所

实践活动的开展必须有一定的场所才能够实现，所以，学校应该加大建设资金的投入力度，从而给学生提供一个良好的实际操作的环境进行实践学习，或者学校也可与相关会计单位签订合同，让学生到会计单位进行实习，从各个方面为学生提供更多的可以进行实践的场所，使其在巩固知识的同时，自身的能力更加符合社会发展的需求。

通过在会计专业教学中强化实践的重要性，不断开展各种学习竞赛，教师及时转变传统的教学方式并推动学校建设实践场所，使工学结合模式更好地与会计专业教学相结合，从而提高教学质量，使学生更好地适应未来社会市场的需求和竞争环境。

第八节　现代学徒制与高职会计专业教学改革

现代学徒制是高职院校人才培养改革的一种新型教学模式。本节阐述了现代学徒制的特点，分析了现代学徒制在高职教育应用中存在的问题，探讨了现代学徒制在高职会计专业中的应用，在力争政策支持、学校和企业探寻校企双赢结合点、双方应创新管理方式和培养模式等方面提出了教学改革建议，以促进现代学徒制在高职会计专业应用长效发展的机制体系的构建，充分发挥现代学徒制对高素质、高技能会计人才培养的效能。

现阶段，我国会计人才市场需求存在供需矛盾，管理、服务、生产等企业需要大量的高素质会计人才，对会计人才职业素养、职业能力提出了更高要求，高职院校应主动适应社会发展，以提升学生职业能力为人才培养的导向。现代学徒制是人才培养改革新模式，该模式核心内容是增强学生职业技能，与企业用人标准对接，缩短学生就业上岗实习期，培养企业受欢迎的人才。研究现代学徒制在高职会计专业教学中应用，探索现代学徒制培养模式，有利于促进会计专业与社会发展人才需求相互适应。

一、现代学徒制的内涵及其特点

传统学徒制是指师傅带徒弟、徒弟拜师傅学艺为主要形式的教学模式，教学过程是师傅手把手传授徒弟具体工作岗位技能和某一行业领域技能，徒弟按照工作情况获得一定工作报酬。

现代学徒制是在传统学徒制传承而来的，是将传统学徒制和现代职业教育有机结合，充分发挥政府、企业、学校等多方作用，通过校企合作、工学结合培养学生职业素养、职业技能、职业能力等方式，为社会培养高素质高技能人才的现代职业教育模式。

现代学徒制的内涵。现代学徒制是以培养学生职业能力为导向、以企业为主体的一种教学模式，该模式以政府引导、企业主体、学校参与、行业评价构建多方共同合作培养人才体系，是基于工作过程的情景化学习模式，学生在学校和企业之间交替学习专业知识、专业技能、职业素养等，企业在整个学习过程中处于核心地位，企业与学习共同制定培养目标，开发企业培训教材和学校教学教材，构建现代学徒制课程体系，培养高技能高素质人才。

现代学徒制的特点主要有以下几个方面：

学习情境真实性。现代学徒制是基于工作过程的情景化学习模式，学生在企业中的学习情境是真实的，企业安排指导教师进行现场教学，教师边讲边教，学生边学边练，增强了学生的学习积极性和兴趣，学习情境真的实性培养了学生适应岗位要求的职业能力。

责任主体明确性。现代学徒制责任主体是企业，企业是学生实践学习的主要场所，企业应根据岗位要求与学校共同制订学生人才培养方案，企业在人才培养过程中发挥主体地位，协调各方责任、平衡各方利益、协调发展，学院作为主要参与者应主动与企业衔接，完成各项教学任务，培养学生的职业知识、职业技能、职业素养。

培养对象身份复杂性。现代学徒制培养对象身份具有复杂性，在企业，身份可以是学徒，可以是见习学生，也可以是正式员工；在学校，身份可以是学生，根据弹性学分制也可以是在职员工，不管身份如何，学徒是培养和实践主体，应发挥学生学习的主动性、能动性。

培养知识全面性。现代学徒制使学生既在学校学习也在企业学习和实践，在校主要学习人文素质知识、专业基础知识、专业理论知识，在企业学习专业技能，特别是企业具体岗位和职业要求的实践性知识与技能，可进一步提升学徒关键能力。

二、现代学徒制在高职教育应用中存在的问题

（一）现代学徒制相关政策需要完善

现代学徒制是近几年发展的一种新型人才培养模式，该模式需要学校、企业、行业多方共同参与，需要多方协调，该模式实施需要优化外部环境，包括财政资金等，推动现代学徒制模式的进一步发展和推广。

（二）主体责任需要明确

现代学徒制是在校企合作、工学结合基础上进一步发展教学模式，由原来学校为主体逐步转变为企业为主体的形式，是对校企合作的进一步深化。由于没有明确企业在现代学徒制模式中的社会责任，学徒制推行对企业直接的社会效益和经济效益产生的周期长，导致企业积极性不高，加上培养学徒毕业后有可能在其他企业就业，这也影响了企业积极性。

（三）管理模式需要时更新

长期以来，学校人才培养还是以学校为主体，在制订人才培养方案、构建课程体系、开发课程教材、师资队伍建设等方面都是按照学校为主的模式运行的。现代学徒制是一种新的模式，在培养主体发生变化、培养空间发生变化、培养时间发生变化、教学内容发生变化的同时，高职院校管理模式还是按照原来的模式进行教学管理，极大制约了现代学徒制的发展。

（四）保障体系不完善

现代学徒制的实施需要资金支持，尽管财政近几年在学徒制上有投入，但远远不能满足企业培养学徒的教学成本。在企业方面培养体系未理顺，大部分企业只安排实习场地，未安排指导教师进行系统教学，致使企业只能成为学生实习场地；学校大部分教师参与现代学徒制的积极性不高，在与企业共同开发课程标准、培养方案、课程教材等方面主动性不强。

（五）培养内容局限性

现代学徒制是以企业为主导的培养模式，企业在制订人才培养方案时主要是考虑本企业用人标准，最多是考虑本行业用人标准，这将制约学生今后的发展，在人文素质、职业道德等方面存在不足，特别是在学生关键能力培养方案考虑不周到，对职业迁移性未做长远规划，影响了学生长远发展。

三、现代学徒制在高职会计专业教学改革中应用

会计专业对学生的技能性要求较高，为进一步促进现代学徒制在高职会计专业中应用效果，应对该模式教学进行改革。

（一）力争政策层面上的支持

制定现代学徒制相关政策法规是高职院校实施现代学徒制的重要基础，2014年教育部出台《关于开展现代学徒制试点工作的意见》，为现代学徒制的实施提供了政策支持，各省市、学校等应制定相应细则，进一步明确政府、学校、企业、行业等权责，为现代学徒制的实施提供政策层面支持。各方应提供相应资金给予支持，政府提供财政资金、学校提供建设资金、企业提供培养资金，以保障现代学徒制实施的有效性。

（二）创新培养方式

现代学徒制在人才培养过程中，对学徒培养采取“双元”培养方式，在教学场地上分为学校和企业，在师资上分为教师和师傅，学习方式是采取交替学习，打破传统教学模式的在校学习二年后在企业实习，而是每周进行交替学习，每周在学校学习1～2天，在企业学习3～4天。根据人才培养方案、课程特

点、相关要求，采取不同培养方式。①专业知识主要是以学校教师进系统教学为主，普通基础课按照教育部门有关规定进行，知识量按照“必须”原则实施，专业基础课和专业理论课按照“够用”原则实施，同时满足学生岗位发展需求；②技能方面课程采取在企业教师和师傅共同进行实践教学为主，要求教师和师傅要充分对接，在企业中学、做一体化实施；③职业素养方面课程可以分为人文素养课程、职业道德类课程，分类实施教学，人文素养方面知识可以在学校结合校园文化建设常规教学和自学中获得，专业道德可以在企业结合企业文化、敬业精神、企业综合实力提升等方面进行教学。

（三）探寻校企双赢结合点

现代学徒制是以企业为主体、学校参与的一种教学模式，这种模式想要持续发展，就必须探寻双方双赢结合点。传统校企合作是将企业作为见习场地，由于学生工作经验不足，对企业的正常生产会产生一定影响，因此企业积极性不高，实施现代学徒制应探寻双赢结合点。企业为学校提供师资和场地，学校可以定向培养人才输送给企业，为企业人才培养作为支撑；学校为企业管理、技术提供服务和帮助，为企业会计制度完善、财务风险控制提供指导和建议；学校可以为企业在职员工进行业务培训，提升在职员工业务能力，以激励企业在现代学徒制培养模式实行过程中的积极性。

（四）创新管理模式

现代学徒制实施使教育对象身份发生变化，由原来学生单一身份转变为双重身份学生和学徒两种身份，这种身份变化不仅使学习内容发生变化，学习模式和学习场地也发生了变化，由单一课堂教育转变为课堂教育和深入企业提升学生的专业技能和专业能力。因此，学校和企业应创新管理模式适应新变化。第一，加强教学常规管理，特别是学生在企业中进行学习时，学校应对学生加强考勤管理，不能出现真空时段；第二，校企双方共同制订人才培养方案以及共同参与课程体系设置、教学过程实施、教材开发编写等；第三，建立现代学徒制评价体系，评价体系建立应引入行业评价，根据人才培养需求，制定对教师、师傅、学生学徒精细化评价标准，采取第三方评价方式客观评价该模式。

现代学徒制作为时下各国职业教育发展的主流趋势，为高职院校校企合作、产教融合的进一步深化提供了有效途径，在高职人才培养方面取得了一定成绩，具备了一定基础，但在我国还处于探索阶段，为提升现代学徒制在高职会计专业中应用的效果，还应加大政策和资金支持，学校和企业探寻校企双赢结合点，双方应创新管理方式和培养模式，构建现代学徒制在高职会计专业应用中的长效发展机制，充分发挥现代学徒制对高素质、高技能会计人才培养的效能。

第五章　会计专业教育教学多元化实践

随着时代的变迁，现代学徒制成为全球职教的组成部分，已经被广泛认可，并且已经被广泛采纳。它不仅可以促进学生的就业，而且可以推动企业与学生之间的合作，实现学生的就业，从而推动企业与学生的共同发展。然而，现代学徒制仍然是我们的挑战，需要更多的政府、企业的投入，以及更多的技术、经验等，来推动现代学徒制的实施，以期达到更好的社会影响力。通过现代学徒制，我们可以更好地提升会计专业的素质和专业技能。

第一节　互联网在会计专业教学中的应用

由于互联网的快速普及，许多公司都开始重视管理会计和云会计的使用，这导致了对专门从事这类工作的人员的需求发生了巨大的转变。然而，这些转变并未完全满足当前的教育环境，比如新的课程设置、新的培训方法。随着科技的发展，利用互联网技术来推动教育和培训已成为当今中国大学课堂变革的关键环节。

近年来，随着互联网的迅猛发展，信息网络环境变得越来越便捷，互联网在教育和教学领域的应用也变得越来越广泛。

随着科技的发展，会计专业的课堂也发生了巨大的变化。通过利用互联网作为传播工具，我们可以对会计专业的课堂教学方法、课程设置和观念等方面进行全面的更新和完善，这样可以帮助我们的会计专业的学生更好地掌握专业技术。

一、教学模式的创新

随着时代的进步，传统的高校教育模式正受到挑战。它们把学校、学科、课程划归到一个独立的领域，以便更好地满足社会的需求。尽管如此，随着互联网的快速普及，它们仍旧无法满足人们的需求，并且与线下的自主性和丰富性相悖。在当今这个信息爆炸的时代，教育方法正在经历巨大的改革。这些改革使得我们能够更好地理解和掌握信息，并将其应用于实际生活中。这种改革已经超越了以往的传统方法，使得我们能够更加全面地掌握信息。近年来，由于互联技术的发展，传统的教学方法已经不能满足当今社会对于高效、快速、有效的信息技术的需求。因此，新型的信息技术正在改变我们的教育方法，使得我们可以利用信息技术的优势，让我们的孩子们能够更好地理解和掌握所学的知识。慕课等教学方式正是这种新型教学模式的具体体现。具体的会计专业教学课程可概括为"线上、线下、职场化"，基本做法是：会计教师提前录制教学视频上传到教学平台，学生可以利用课余时间登录教学平台观看视频，利用互联网完成在线测试和作业，教师可以在网上查看学生的学习情况，完善教学设计；在课堂上的教学工作则以学生为主，开展各项教学活动，例如，项目实战、分组讨论以及作业评价等，教师的主要工作不是讲授，而是答疑解惑、组织活动；在学期结束时，对学生的考核工作也可以分为线上、线下两种模式，线上以学生的日常学习情况、作业完成情况以及一些在线小测试为依据进行评价，线下对学生在课堂上的具体表现进行现场打分，期末进行总结，重点是培养学生的自主学习能力。这一教学模式体现了互联网信息化与会计教学活动的深度融合。

随着科技的发展，会计专业的教学方法也开始更新变化。尤其是在财务管理领域，由于涉及的信息量巨大，而且复杂性高，使得学习者感到非常艰巨。随着互联网的发展，老师们能够把财务管理的每个部分都分解为简单的内容，并且把关键的概念和技能放在最后，把这些内容拍摄成精简的微课视频，这些视频的长度通常在 15 分钟左右，能够让学习者的注意力得到有效的聚焦。通过利用最新的科技，如虚拟抠像、画中画、三维动画，我们能够更好地呈现出教学上的关键和难点，让教学变得更有意思，激励学生学习积极性。

二、教学内容的改变

在当今这个全球性的互联网环境中，会计领域的课堂和实践方式也在不断演变。现在，我们的会计领域已经实现了从传统的手动登录到现代的自动登录的跨越，同时，我们还在迈入一个新的阶段，即将实现云会计。这样，我们就能够利用现代技术，实现对各种财务数据的快速、准确地分析和管控，为企业的经营带来更多的便利。随着时代的发展，企业对于专业的财税人员的需求日益增加。为了满足这一趋势，我们建议老师们采用更加灵活的方式来授课，让学员们更好地理解和掌握专业的财税技术。同时，老师们还可以结合当前的市场动态，制定更具针对性的课题，让学员们更好地掌握专业的财税技术。

对于会计专业的分析教学而言，由于其包含的指标和公式众多，而且大部分都是抽象的概念，因此，采取新的方法，让学习者能够更好地理解和掌握相关的知识，而非仅仅依靠死记硬背的公式。随着科技的发展，现在的教育方式已经发生了巨大的转变。在课堂上，老师们不仅能够更好地传授知识，还能够让学生们更深入地了解企业的运营情况，比如从企业的财务报表中获取信息，利用现代技术来实现对企业的实时监控，从而更好地解决企业的经营难题。老师通过引入现场的案例，为学生们的分析和讨论提供有效的帮助，让他们能够更好地掌握和运用所学的知识。老师还会给出有效的反馈，以帮助他们更好地处理和解决自己遇到的问题。经过系统的研究，我们认为，在 ERP、会计管理、分析等多门会计课程中，学生们的适应性和独立性都有了显著的增加，从而使他们的学习效果更加出色。

三、教学观念的转变

随着社会的进步，现代的学生在消费理念、学习模式和日常行为上都有很大的改变。他们在学习上积极参与，乐于探索，乐于实践，并且拥有良好的独立思考和创新精神。然而，由于缺乏良好的自律性，使得他们在学习上的专心度和投入度都相对较低。随着科技的进步，人类越来越倾向于接受快速、准确的内容。这些改变给传统的教育带来了巨大的压力，并导致一些新的教学理念和方法的产生。例如，随着科技的进步，“先学后教”和“以学定教”的《以学定教》已经成为人类最常用的工具。随着科技的发展，“主导者”和“接受者”的概念已经被更多的人所接受。尤其是对于会计专业的老师来说，更加注重将学生的需求融入到实践当中，让他们能够更好地理解和掌握知识，从而更好地完成本职工作。学习者不仅仅是学习者，他们还有能力担任老师，并且能够通过学习、交流、分享等方式，深入探究并提出有价值的建议。这样，他们就能够充分利用互联网的优势，把握机遇，提升学习效率，提高学习质量，并且能够有效地帮助学习者掌握最新的知识,提升学习能力,实现学习的最大化,并且能够有效地提高学习效率,使学习者能够真正掌握所学知识，并且能够将其运用到实践当中。

四、存在的问题及解决措施

（一）存在的问题

尽管现阶段的科技发展和实践经验有所提升，但互联网仍有许多挑战需要克服，其中最主要的就是：一些会计专业的老教师缺乏信息化的知识，尤其是一些年长的教师，他们缺乏对互联网的运用能力，导致了传统的教育方法和思维定式，这种情况只能让教育者承受更多的负担，进一步影响到了教育的效果;另一方面，学生的学习压力也越来越大，除了课堂上的微视频，还需要通过其他方法来辅助和提升，以达到更好的学习效果。尽管课堂上的学习内容繁多，但由于一些学生没有合理使用互联网，从而降低了他们的学习效率。

（二）解决的措施

为了解决互联网在会计专业教学中的挑战，我们需要采取一些行动来推动这一领域的发展。具体来说，我们可以采取一些措施来解决这些挑战，比如：①通过强化课堂教学，让老师更好地理解和运用最新的 IT，让他们更好地把握课堂内容，让他们更容易接受新的思想和理念，从而更好地实践和运用这些新的思想和理念。②利用一些新的媒体工具，如短片和动画，来帮助老师更好地讲解和传授课堂内容，让他们更容易理解和运用这些新的思想和理念。通过引进更多的实际操作和有趣的活动，我们希望帮助学生更好地掌握知识，并且更好地运用它们。③我们的学校正在努力把互联网作为一项重要的人才培养计划，并且投入更多的财力和物质投入，以确保它的可持续发展。

经过一项针对会计专业学生的深入探讨，结果显示，当把互联网技术运用于课堂时，不仅可以激励学生学习热忱，还可以增强其自主思考的能力。此外，学生也乐于使用他们熟悉的设备，比如智能电视、智慧型笔记本电脑，以此来加快学习的节奏，从而有助于提升其学习成果。经过深入的沟通和研究，我们得出结论：在会计教育中，采取互联网技术的应用，不仅能够有效地降低教师的工作量，而且能够把繁琐的会计知识转化为简易的微型视频，从而节约宝贵的资源。此外，老师们也能够借助于共享课堂，参考其他名师的精彩讲座，进一步提升自己的教学才能。利用先进的互联网技术，我们不仅能够让更多的人获得更多的知识，而且也能够让更多的普罗大众获得更多的知识，从而更好地掌握知识，并且有助于推动教育的均衡发展。

柯里福先生指出，科技无法取代传统的教师，但使用科技的老师可以取代不使用科技的老师。因此，“互联网+行动导向”的课程融合改革，将成为当今社会的一种重要方向，以更多地适应社会的需要。为了适应社会对于拥有较强专业知识、能够灵活使用各种工具的复合型会计人才的日益增长的需要，大力推进互联网技术的普及，以提升会计教育的水平。为了最好地实现互联网和会计专业的有机结合，探索出更具有前瞻性的教学方法，优化教育资源配置，以及有效地提升教育质量，这些都必须成为当前的研究焦点。

第二节 思维导图在会计专业教学中的应用

随着科技的发展，思维导图已经成为了许多的首选课程，它以其出色的表达性、实时性、可操纵性等特点，大大改善了传统的课堂授课模式，并且受到了越来越多的重视。经过研究，我们发现，透过将理论与实践相结合，可以创建一种更加有效的会计课程，这种课程就是思维导图。它不仅能够帮助我们更好地理解课程的重要性，还能为我们的会计教育带来更多的帮助。

一、会计专业教学的特点

（一）应用性较强

随着社会发展的加快，的会计教育面临着越来越多的挑战，其中包括校园环境、教师队伍、学员素质等多个维度的差异，使得其授课的模式、方法等存在较大的变化。然而，无论从资金投入、技术能力、实践经验等多个维度来看，仍然致力于培养出更多的实战能手。因此，与传统的大学课程不同，的财务课程注重实际操作与运用，而非仅仅停留在理论知识的讲解上。

（二）学习内容广泛

不管是理论教学还是应用教学，毋庸置疑的是，会计学科本身的复杂性。会计学科的学习内容较为广泛，涉及设置会计分录、会计核算、凭证整理、绘制报表等多个步骤，并且，对于会计专业的学生而言，还需要顺应时代的要求不断发展进步，不断掌握新的会计管理或者应用系统的操作。除了上述的会计本专业的知识，还需要配套学习相关专业的知识，如管理知识、财务知识等，以便于形成会计学科所需要的综合能力。综上所述，会计学科的学习内容广泛，对学生会形成较大的学习压力。

（三）学习过程重复性强

会计学的难度在于它的内容非常丰富和复杂，而且它的学习方式非常单调。这使得许多人感到厌烦。无论在老师的指导下，还是在学生的独立探索中，我们都必须持续记忆和理解这门学科的基础知识。记忆是掌握财务知识的关键，但它也可以增强我们在学习财务知识时的效率。

掌握财务专业的核心，就是扎实的基本概念。这些概念可以通过简单的复述和练习来获得。此外，对于初、中、高阶财务人员来说，熟练掌握这些概念也同样重要。

除了学习知识，的学生还存在着许多不足之处。他们缺乏对知识的整合和归类，无法将其应用到实践中。此外，他们的思维方式比较僵化，缺乏发散性和创新性，无法根据环境的变化而灵活地调整知识的使用。

在本次探讨中，我们首先从学生的角度出发，深入分析了他们的学习情况。然而，从教师的角度来看，也存在许多挑战，比如他们的授课方式和内容过于死板，缺乏灵活性，无法根据不断变化的环境和学生的个性特点来调整和创新。

经过深入研究，我们发现，当前会计教学存在一些问题，其中最突出的是缺乏一种有效的学习方式，即教师和学生能够有效地记忆会计知识，并将其融入课堂内容，从而培养学生的创新思维能力。通过使用思维导图，的师生能够克服目前教学中的不足和缺陷。

二、思维导图的内涵和特点

（一）思维导图的内涵

思维导图是一种有效的学习工具，它可以帮助人们更好地记忆、复习、整理和组织知识，而且不需要严格的技巧或要求。它可以通过文字、图表、动画等多种形式，帮助人们更加轻松地将所学内容融会贯通。

（二）思维导图的特点

1. 发散性

通过多种形式，将自身的知识和思维从大脑中提取出来，并以图纸的形式展示出来。这些知识和思维不再是经过精心组织、归纳的，而是一种有条理、有序的思维。

思维导图通过使用导图，我们可以整合人类的思维，帮助我们更好地理解和记住信息，并寻找新的机遇。

2. 生动性

思维导图是一种灵活多变的工具，它可以通过图像、绘画、音乐等方式来呈现信息。这种方法不仅能帮助学习者更好地理解知识，还能提高他们的学习兴趣。

3. 适应性

思维导图是一种独特的工具，它可以帮助人们更好地理解和记忆信息。它没有固定的模板或规则，所以可以根据个人的喜好和需求来制作不同的思维导图。这样，人们就可以更加灵活地分析问题，提高思维导图的效率。

4. 整合性

尽管思维导图可以帮助人们更好地理解和掌握发散思维，但它的本质目标仍然是帮助人们更有效地将这些思想进行综合和整合，从而更好地提升自身思考能力。通过使用思维导图，我们可以提高人们整合资源的能力。

三、使用思维导图来提高会计专业课程的效率和质量是一种有效的方法

（一）运用思维导图构建知识框架

在会计教学中，各个知识点之间存在着明显的差异，因此可以将它们分解成独立的模块来进行教学。此外，由于会计知识的灵活性和多样性，可以利用思维导图来构建出完整的知识体系。在这个过程中，教师不仅需要根据班级的情况来建立知识框架，还应该鼓励学生使用思维导图来帮助他们理解和掌握每一个模块的内容。

（二）运用思维导图整理知识内容

通过绘制知识框架，学生们可以更好地理解和掌握相关的知识。在职业学校的会计课堂上，这一步骤可以由学生自己完成，从而使学习变得更加有趣、丰富多彩。通过这一环节，学生可以更深入地理解和掌握所学的会计知识，从而更好地记忆和应用它们。

（三）运用思维导图厘清学习重点

通过使用思维导图，教师和学生都能更好地理解课堂上的重点和难点。这

种方法可以帮助我们更好地记住重要的知识点，并将不重要的内容归类到不同的部分。采用灵活多变的展示方式，可以让的学生更好地把握机会，专注于重要的知识点的学习。

四、思维导图在会计专业教学中的作用

（一）帮助学生更好地学习专业知识

引入思维导图在会计教学中的应用，可以显著改善课堂教学的效果，使学生和教师能够更加有效地组织知识，把握重点，从而更好地掌握会计知识，为的学生提供更加全面的学习体验。通过使用各种形式的生动的思维导图，学生可以更轻松地记住会计知识，同时也可以更深入地理解专业知识。

（二）培养学生的学习能力

使用思维导图来帮助学生更好地掌握所需的技巧，因为它们非常容易掌握。它们的设计方法非常灵活，并且很容易被学生自己设计。在使用它们的同时，还有助于提高他们的综合学习能力。显然，使用思维导图有助于提高人们的全面性思考能力。

职业学校的会计教学具有独特的特点，因此，采用适应性较强的思维导图教学模式可以发挥积极的作用，无论是对于教师还是学生。然而，我们也必须明白，仅仅依靠思维导图是无法提升会计教学水平的，必须采取综合性的教学方法，以达到最佳的教学效果。

第三节　行动导向教学在会计专业教学的应用

随着时代的进步，职业教育的需求也日益增加，因此，为满足社会的需求，大多数大专院校的学生都需要掌握一些实践技巧，深入发掘自身的潜能。因此，的老师们需要加大努力，改进课堂的设计，以培养学生的实践技巧，使他们成为社会需求的有效参与者。为了提高学生的专业技能，老师应该勇于挑战

传统的教育模式，并且积极探索更具有挑战性的课程设置，以及更有效的课堂管理。

一、问题的提出

由于经济的快速增长以及产业的转变，对于具备专业知识的劳动力需求增加。随着当前技术性人才的短缺问题越来越突出，国家和当地的政策正努力推动职业教育的发展，但如何充分利用当前的机遇，探索出更加有效的培训模式，使其符合市场的要求，成为当前社会的一个重要课题。因此，我们应该采取措施，建立一个以就业、能力、学习、素质等多维度的、具有针对性的、高效的人才培训体系？对于职业教育的可持续性和可行性而言，正确的方法和技术的运用至关重要。只有正确的方法和技术，才有可能让学员们在充满挑战的社会环境里获得成功，从而取得成功。

二、行动导向教学法的应用

“行动导向”《学习法》旨在帮助学习者从一种具体而有效的环境出发，利用自主学习和独立探究，学习者将自己置身于一种具有挑战性和创新性的环境，从而获取知识、培养技能、发展能力。“行动导向”采用了“行动导向”学习法，这种学习方式符合认知心理学，即学习者需要根据自己对知识的理解和运用，来选择最有效的学习方式，从而获取 90%。“职业行动导向”教材提供了一种独特的教学模式，即通过实践活动，使学生掌握了 90% 的技术，从而提高了其对“职业行动导向”的理解和掌握。这种模式不仅体现了现代教育理念，也为教师提供了一种实践性的教学策略。

（一）精心设计教学方案

在“学习任务”中，“引导问题”是重点，“小组讨论”是有效工具，“学生动手”是有效方法，“研究和解决”是目标。因此，在进行教学时，应该结合“学习任务”和“引导问题”，并结合学生实际，制定出有效的教学方案。“学习任务”

和“任务书”。“任务书”都可以作为一个指南，帮助学生主动学习，积极思考，勇敢尝试，积极创新。“任务书”则提供了一个指南，帮助学生根据“任务书”中的指示，进行有目的的学习。“任务书”。“目标书”意在让学习更加深入，既强调了学习内容，又强调了学习方法，以及学习过程中的互助互爱，以促进教学效果。“目标书”意在让学习更加顺利，让学习更加高效，让学习更加简单快乐。因为“目标书”的内容较为复杂，因此，为了使学习者更好地体会获得成功的快感，“目标书”的内容应该适当，具有较高的知识性内容，又有较低的风险性，通过实践活动，激发出更多的学习兴趣，使其获得更多的收获。当讨论复式记账法的使用时，老师应该引导学生创造一个账户，以便记录他们的开支和结余。这个账户应该包括：现金支出、收益、支付的物资、支付的服务项目、支付的其他项目。老师应该经常审核这个账户，以确保它的准确性和完整性。本次任务旨在帮助学生更好地掌握复式记账法，并且让他们更加清楚地认识和运用所涉及的支出结构和收支结余，从而让他们更好地掌握支出的规律，增强他们的理财技巧，实现知识的传播、技能的发展和素质的全面提升。

（二）敢于创新教学方法

在设计教学过程时不要刻意地去追求必须符合某一种教学方法，因为“行动导向”教学是一种理念，千万不可将行动导向教学当成一种具体的教学方法。我们教学的目的就是要让学生在做中学，只要学生行动起来并全身心地投入到学习中，这就达到了我们的教学目的。因此，我们在教学活动中可以采用某一种教学方法，也可以将几种教学方法融合在一起进行。如在项目教学中，可以运用引导课文法给学生下达任务书；可以运用大脑风暴法，让学生展开充分的讨论；可以用角色扮演法，让学生扮演项目中的不同角色和身份。如在《财务会计实训》综合练习中，教师可设计“支付办公经费”项目，让学生分别扮演项目中的出纳员、会计员、会计主管、厂长等角色，并为每个角色赋予一定的责任，使学生在不同角色的扮演中掌握付款的整个流程，并学会记账凭证的编制以及记账。所以说，教育要敢于创新，要朝着“教学有法，教无定法，贵在得法”的境界努力。

（三）相信学生能胜任

通过建立良好的沟通和互助，我们发现，老师和同事之间的互信和支持非常重要。老师和同事之间的互信和支持有助于我们更好地执行行动导向的教学方法。老师和同事之间的互信和支持有助于我们更好地指导和帮助学生完成他们所负的工作。老师和同事之间的互助和支持有助于我们更好地完成我们的工作，并且我们的工作效率和质量都会得到提高。为了避免让学生无视，我们应该在老师安排好任务后，采取更加灵活多变的教学模式，让他们在探索中发现自己，而且，我们也应该给予他们更多的自主权，让他们在探索中发现自己，而非仅仅停留在被动接受知识。通过实际应用，我发现当学生的思考范围扩大时，他们的创造性和独特性往往超过我的预期。

（四）营造轻松和谐的学习氛围

通过采用行动导向的教学模式，我们可以为学生创建一种愉快、和谐的环境。为了达到这一目标，老师应该尽量创建一种让老师、学生相互之间都能够互相尊敬、互相了解的良性氛围。为了实现这一目标，老师需要积极地引领学生，并且详细地阐明了行动导向教学的优势、劣势以及如何发挥它的作用。通过提供更多机会，老师应该让学生们更加自信地提出自己的想法，并且不需要给出任何固定的答案。同样，老师也应该使用更多具体、更具指导意义和促进作用的方式来帮助学生们更好地了解和表达自己。通过正确的方式来纠正学生的失误，并且提供适宜的鼓舞，让他们能够持续获取知识，并且有更强烈的兴奋去重新探索。

（五）善于引导

老师需要通过设置各种挑战性任务，帮助学生更好地理解课程内容。他们需要激励学生思考，并通过探究性思维帮助他们更好地掌握所需技能。此外，老师还需要鼓励他们将所思考过程分享给其他老师，以便让他们能够更好地理解课程内容。

采取行动导向的教学模式，需要老师拥有全面的专业素养，以便在课堂上灵活运用，而且可以结合当前的教育环境，灵活调整课程设置，以满足学习者的需求。此外，老师也需要掌握相应的专业理论，熟悉各种有关的课程，而且可以通过各种途径搜集、整合、研究有关的信息，以便为学习者带来最佳的效果。为了让我们的孩子更好地成长，我们必须努力提高他们的核心能力。因此，我们需要持续努力，掌握最前沿的知识，同时积极探索与解决他们遇到的挑战。只有如此，我们的老师们才能够更好地指导他们。为了让孩子获得全面的知识，老师需要关心课堂的各个环节。同时，老师还需要提高自身的专业知识，以及勇于挑战传统的授课模式。只有这样，才能真正协助学员提高自身的专业知识。

在这个快节奏的世界里，我们正在迈向一个新的阶段，即云计算、大数据。财务会计专业是我们的重要组成部分，在多年的努力下，它的课程设置和未来的发展方向都在持续完善。随着互联网的发展，传统的会计学科正受到越来越多的关注。如果能够利用先进的IT，让这门学科更好地适应当前的社会发展，那么它就能够更好地发挥其独特的优势，并且能够更好地满足社会的需求。本文将深入研究当前会计领域的挑战，以及利用互联网来推动这一领域的发展，并尝试提出一些有效的解决办法。

第四节　会计专业教学资源在网络学习空间的应用

由于“财务自成系统”的改革，越来越多的公司开始采用集成的财务管理模型，以实现更高效的资源配置。而“大财务信息系统”的出台，则标志着公司的发展越来越接近于以大数据、云计算等前沿科学的发展。伴随着信息时代的发展，会计专业的毕业生们正面临着前所未有的挑战。由于这个领域的零容忍度，许多人都不得不通过不断的实践来适应新的环境。这不仅给学生们带来了极大的压力，而且还给教师们带来了极大的考验。因此，我们必须加强对这些新兴领域的培养，使之成为一个具备竞争性的行业。

一、在当今的教育环境中，如何有效地利用会计专业的教学资源？

伴随时间的推移，会计专业的课堂内容也发生了变化。以往，课堂教学的重点放在基本知识的掌握上，但是现今，由于技术发展，越来越多的企业开始重视实践能力的培养，以及更多的实际操作技能的培训，使得越来越多的企业能够从实践中获得更多的实际操作技能，从而更好地满足企业的发展需求。由于越来越多的会计教学案例被抛弃，它们的实际应用价值被削弱，使得它们的应用范围越发狭窄，从而导致应聘者的适应能力受到了严重的限制。此外，由于许多案例的过期、欠缺最新的信息，使得它们的可靠度受到了质的挑战，从而使得应聘者的就职前景受到了严重的限制，从而削弱了他们的就职能力。随着企业的整合与转型，电子商务软件的功能也在不断演变与创新。如果我们没有及时调整我们的课堂内容，可能会导致课堂效果不佳，从而导致课堂资源的浪费。

作为传统学科，会计专业在教学过程中，教学工作者积累了大量教学经验，然而过去由于信息流动性差，导致大量会计教学经验难以得到全面分享，新老教师的帮扶，主要集中在校内进行，这也直接造成教学过程和教学质量往往因校而异，教学方式方法缺乏有效的交流和沟通，历年教学的经验和不足也难以为其他教学工作者提供借鉴。因此，实现高效的、贴近当代发展的教学交流和分享，便成了在当代完成会计专业教学革新的关键所在。随着信息技术的发展，可以看到，当下的网络技术已经足够实现教学分享活动、完成教学资源交流，可以为教学工作者提供不同于以往的全新教学模式和教学经验，帮助教学工作者利用资源完成教学改革与教学创新。

二、云课堂、云计算对于会计专业教学的辅助作用

通过"云计算"的技术，学校与教师可以创造出一种更加灵活的课堂教学模型，从而更多地满足学生的要求，并有效地促进课堂教学的开展。这种新型的教学模型，尤其是针对传统学科，其应用正处于蓬勃的阶段，并取得了长足的发展。近年来，在传统学科诸如语文、数学等学科的教学中我们可以看到，网络技术的发展带来的教学变革，其优势是多方面的。通过采取这一新的学习模式，可以显著地改善学习的生产力，增强学习的灵活性与敏捷度，并且可以

有效地利用“按需而用，即需即用”的学习模型，有助于提高学习的效率，防止出现低效或者没有意义的学习。另外，随着互联网的普及，云计算的出现也为教育资源的共享带来了更多的便利，让原来很少被广泛流通的精彩经历，可以被更多的人所接受，并且可以被更多的人所利用。通过开发出一个全新的、可以跨越地域的、可以跨越文化界限的网络学习环境，可以让许多教师可以在线上进行深入地沟通，共享他们的宝贵经历，并且可以进行远距离的帮扶，从而提供一个可以让所有人都可以获取最新的信息的平台，这样可以让所有的人都可以获取最新的信息，从而达到提升教师的专业水平，并且可以消除他们在教学过程中的盲点，从而提升他们的专业素养。这项改革大大促进了该校的教学模式与方法的变化。

通过这种信息化教学，会计专业可以得到很好的帮助。利用网络技术的发展，实现会计专业教学资源的分享交流，主要有以下几个方面的优势：

完成理论知识和理论案例的更新，更新教学模式和方式，更好地贴近当代会计教学的侧重方向。这种方法具备双重功能：一方面，它可以迅速补充当前课堂上存在的不足，另一方面，它可以阻止或矫正会计专业课堂上出现的偏离实际需求的行为。因此，教师可以充分发挥这种方式，从而使得他们可以更加准确、全面地掌控课堂内容，从而减少因为偏离实际需求而造成课堂上出错或失败的情况。

“按需而用”是一种新型的、可供多人使用的网上教育工具，它能够帮助学生快速、系统、全面地掌握知识，并且能够满足不同水平的需求。它不仅可以帮助学生实现个性化、定制化、系统化，还可以为老师们提供丰富多彩、灵活多变、可持续发展的教育环境，从而极大地改善了他们的教育效果。

网络学习空间中的教学资源多种多样，虽然它们可以让任何人都参与，但它们更多的是汇聚了多年的教学经验和教训，可以让教师们在远程协作、互相帮助的过程中，获得更多的知识和体会，从而更好地完善和发展优秀的资源。通过信息化教学，我们可以更好地传播和利用优秀的教学经验和方法，这将大大提升会计专业的教学水平。

通过使用网络技术，我们可以扩大课堂的覆盖面，增加学生的应用能力。例如，通过使用完整的例子和经验分享，我们可以帮助学生掌握零容错的技巧，并将其运用于日常工作。这样，我们就可以有效减少他们未来可能出现的失误，并为他们的未来发展打下坚实的基础。

通过云计算辅助教学模式，可以充分利用碎片化的教学资源，从而显著提高学习者的学习效率；此外，云课堂的普及，可以推动教学水平的改善，特别是那些教学设备落后的学校，可以借助云计算技术来改善教学环境，从而使学生获得更多的实践机会，从而增加学习者的实践技巧，并且可以让学生获得实践性的教学体验，从而使学生的学习过程变得更加轻松愉快。通过在课堂上不断努力，来改进和完善他们的能力。

三、预测未来，我们将探索如何在网络学习环境中建立会计教学资源，以满足不断变化的需求

随着网络技术的发展，会计专业的教学资源得以良好的传播与应用。尽管当下的网络学习环境为人们提供了丰富的教育资源，但是由于分类不足、资源偏向当地特色，使得这些资源无法得到充分的利用，从而阻碍其被更加全面的推送。另外，随着企业对财务管理的日益完善，“水土不服”这种课程也无法得到充足的支持，从而导致许多应聘者无法轻松掌握“水土不服”，只能再次投身到其他课程的学习当中。随着科技的飞速发展，企业面临的变革越来越多，而电子计算机软件的使用也必须跟上时代的步伐。因此，学员们必须加大努力，以便掌握有效的知识，以便在日后的职场实践中，确保自己的基础知识的熟练掌握。

完成资源共享是一个漫长的过程，在构建网络学习环境的过程中，应该有效的将教学资源进行分类，包括理论知识、典型例题、方法技巧等；此外，教师还应该把“去本地化”的核心要点提炼出来，以提高资源的普遍性，统一标准，深入挖掘资源的实质，以减轻其他教师在资源本地化时的负担。通过扩大资源使用范围，提高流程效率。

云计算的另一个优势在于它的大数据统计功能，可以帮助企业更好地了解

学生的需求，从而更好地匹配学生。通过对企业的需求进行统计分析，我们可以发现不同企业对会计专业的共性和特殊性，从而为学生的细化培养提供有力的支持。随着科技的发展，传统的教育模式已经不能满足当今企业对“大财务信息系统”会计电算化的需求，因此，为了让毕业生能够更好地应用所学的知识，我们需要采取新的教学改革，以便让学生能够更好地掌握“大财务信息系统”的核心知识，并能够更好地适应不同企业的需求。通过碎片化的知识，学生可以根据不同的企业需求，有针对性地提升自身的技能，从而实现“选修课”式的学习，使他们能够在校内电算化软件和企业一体化软件之间取得平衡，从而更好地为自己的就业创造机会，提升自身的竞争力。

尽管近年来，我国的会计专业已经完全实施电子商务，但是，随着科技的飞跃，对于这一领域的教育和培训的需求日益增加。信息技术的迅猛发展给这一领域的教育和培训带来了前所未有的机遇，许多以共享课程资料和互联网等方法推进的教育模式的创新，正在不断推进，使其达到更高的水平。尽管当前的信息技术仍存在一些挑战，例如对设备的需求较高、缺乏有效的教学资源分配和大规模的数据集分析存在误差，但未来的教育将更加注重将信息技术和传统的教育模式相结合，这将是任何一门学科的一个重要的转折点。当前，我们正在努力推动会计领域的教育改革，并希望能够在这个过程中找到更好的方法来应对各种挑战。我们相信，通过采用先进的技术，我们能够迈向更加繁荣的未来。

第五节　信息化教学在会计专业课教学中的应用

信息化教学已经成为会计专业课教学的重要组成部分，本节将深入探讨这一点。

通过利用现代科技，信息化教学可以让教师、学生及家长共同参与，这种教学形态的核心思想是：利用先进的信息技术，结合现代教育理念，创造出全面、多样的课程，使课程更加贴近当下的实际，适应不同的教学需要。在上课时，老师从简单的传授知识点的人物，发展成了一个能够激发学生思考和参与的导师。同时，老师也成了一个能够指导和推动学生思考的指导员。这种方式使得课堂教学的气氛更有趣、更有活力，并且能够让学生更好地理解和掌握教学的重点。为了提高课堂效率，我们可以采取多样化的教学策略，包括利用实际案例、小组讨论和任务导向，并且要把这些策略融入到现代的课堂环境当中，从而激发学生的学习热情。

一、在当今这个充满活力的时代，网络信息化教学模式已经成为一种理论基础

（一）在当今这个 IT 驱动的时代，网络信息化教学模式正在发展壮大

现如今，我国正迈向一个全新的信息化时期，从大街小巷到学校的课堂、宿舍、机房、餐厅，几乎每个角落里，人人都能够发现有人正在使用人工智能装置，如人工智能钟表、人工智能笔记本、人工智能音箱等，来解决自己的疑惑，并且享受到更多的精彩体验。随着科技的发展，我们正迈向一个全新的信息时代。现今，网络技术的普及使得它成为一种普遍存在的现象。它以其虚拟、开放、交流、方便、丰富和普遍的优势，为我们的日常工作和学习提供了更加方便和快速的方法。随着科技的发展，网络技术也正逐渐成为我们日常工作和学习的重要组成部分。

（二）网络信息化教学模式的理论基础

借助于建构主义的思想，网络信息化的教育方法将重点放在了培养学生的能力、逻辑思维、合作、交流能力，让他们能够较好地掌握课程内容，更有效应用课程信息资源，从而较好地提升课堂教学效率。随着科技的发展，教育已经从以往的传授方法，如讲课、辅导、答疑等，发展到以更加有效的方法，让学生从单纯的被动接受知识，到积极参与到课堂活跃的互联互通之中。现代化的多媒体网络技术，不仅可以让学生较好地理解课程内容，还可以让他们更加自如地利用这些信息资源，实现自我探究、合作交流与模拟实践。随着时代的发展，媒体已经从传统的教室授课的手段，发展成一种能够激发学生自发性、

促使他们合作、共同思考、分享观点、提出有效的解决方案的有效认知工具。

二、网络信息化教学模式的应用

随着互联网的飞速发展，它给传统的教学方法带来了前所未有的挑战。尤其是在会计领域，现代的信息科技使得传授的基本概念、原则、规范以及方法都不再适用于当今的社会。随着科技的发展，网络信息化教学已经深入到我们的日常生活中。它不仅使得我们能够更好地理解知识，更重要的是，它让我们能够更好地利用现代技术来帮助我们更好地掌握知识。例如，通过使用互联网，我们能够更好地收集、处理、传递各种信息，并且能够更好地理解并应用这些知识。此外，它也使得我们能够更好地参与到各种活动中，并且能够更好地帮助我们解决问题。通过采用信息技术，我们能够更好地提高课堂的交流与合作，让老师从单纯的讲课者、辅导员、答疑人员的身份，成长为一名有效的课程规划与引领者。

第一，作为一名优秀的老师，我们应该利用现代化的手段，如移动网络，将大量的信息资源引入到我们的课堂，让我们能够更好地掌握财务知识。例如，我们应该让财务管理的各个方面都能够得到充分的模拟，从而更好地帮助我们的学生掌握知识。为了帮助他们更好地理解这些知识，老师们可能会向他们推荐一些可靠的、易于获取的、丰富的学习材料。为了更好地授予会计知识，我们建议使用专业的模拟软件，并设置适当的实践环境。这样，我们就能够让学习者更好地掌握知识，并能够更好地分析问题，从而更好地解决问题。同时，我们也希望通过这些模拟练习，让他们能够更好地掌握知识，并能够更好地利用这些知识。

第二，作为教育工作者，我们需要为会计课程提供良好的环境，并且制定出清晰、实用、富于挑战性的主题，这样才能够唤醒学生们渴望获取新知识、勇于尝试新事物。在确定任务的答案时，应该综合运用各种不同的视角，并且尽量将它们与使用者的已有的专业知识背景、能力、经历等紧密联系，让他们能够充分发挥自身的优势，运用现代科技手段，如互联网、模拟实践、数字化等，更加深入地探索。为了更好地授予学生会计知识，老师需要明确学习目标，并把它们拆分为有效的学习内容。此外，老师还需要为学生提供一个有意义的学习氛围，让他们能够通过自主学习或合作学习来提高自己的能力。通过设定明确的任务，鼓励学生积极参与，并确保每个任务都能够得到实现。例如，当他们掌握《企业会计准则》，并能够运用它们解决实际经济业务中遇到的各种难点时，就能够更好地把握整体情况，并从中汲取教训，从而更好地实现自己的目标。老师可以利用课堂的管理来帮助学生更好地理解所处的环境，激励他们的自信、乐观与创造力，让他们感到快乐并且更好地完成任务。这样，他们就可以真正地掌握知识。

第三，教师是学生协作学习的指导者。在协作教学中，学习者的参与和自主学习是协作过程的中枢。教师是学生学习的促进者和教学过程的引导者，成为学生自主学习的伙伴、合作者和解决问题的指导者。学生的学习交流活动，可以通过网络的聊天、论坛和博客等多种方式来实现。首先，在会计课程网络信息化教学的过程中，教师要了解学生兴趣所在，将学生分成几个小组。其次，根据教学内容设计教学目标，根据各小组成员自身的特点分配相应任务，让学生自主收集信息，组员将收集的信息形成观点组织讨论和交流。学生们可以结成伙伴，协同一致，有时也可以互换角色，同时小组之间也可以进行竞赛。尤其是在会计模拟实训中，将学生分组进行实训，扮演不同的角色，会达到事半功倍的效果。

第六节　会计学专业课程研究导向型教学应用

随着科技的飞速进步，当今的网络信息化已经深刻改变了我们的日常工作。因此，我们需要加强与这种变革的联系，使我们的职业教育更加灵活多样，更好地满足当今市场的需求。为此，我们的会计课程也需要进行相关的改革，让我们的学员拥有更强的团队协同、创造性思维及创新精神，从而达到更好的效果。

为了更好地促进学习，我们需要让学生具备独立思考的能力。这对于我们来说非常关键。我们建议采取以学习者为主体的方式，让他们主动探索，并且得到老师的指导、帮助。例如，我们可以将《学年论文》这门课纳入我们的学习计划，以此来唤醒学习者的学习热情，并最终达到良好的学习效果。在开展研究性的课程时，我们需要重点考虑如何转变大学生的方式，如何提供客观、公平的评估，如何促进团队协作，以及如何创造良好的培养氛围。

随着"互联网 +"和《大数据》的推广，我们正处于一个全新的高等教育阶段，人们越发关注于不同层次和不同类型的高校，这也使得《大数据》和《"互联网 +"》成功地激发了人们参与其中，然而，尽管如此，仍然存在着一些传统的知识灌输式课堂教学模式。随着社会发展的加速，会计学的学科范围也在发生着巨大的变化。然而，这些变化仍然存在，例如：学生的学习热情、学习兴趣和学术素养的提升，以及学术研究的深入和广泛。因此，我们必须采取有效措施，以便推动会计学的教学改革，提升学生的学术水平和实践技能。《学年论文》是一门重要的学科，我们将深入探索如何采用研究导向的方法来进行教学。我们希望能够通过这种方法来唤醒学生的学习热情，提高他们的独立思考才能，并帮助他们在学习中获取更多的成果感。这将对于推进会计学科的教学改革具有重要的参考意义。

一、通过对《学年论文》的研究，我们发现了一种以学生为导向的教学方法

（一）课程现状

《学年论文》是一项针对 32 个学时的教育活动，它的目的是帮助学生掌握基本的科学知识，并且可以更好地探索和实践，以期获得更多的知识和经验，从而更好地完成自己的职责和使命。通过这门课，我们不仅会讲解如何正确撰写一篇符合标准的论文，而且会深入探讨如何挑选合适的话题、如何搜索相关资料，以及如何运用这些知识来撰写一篇优秀的毕业论文。虽然这门课可以被视为一门普通的选修课，但它对所有的学生来说都非常有价值。过去，我们的教育重点放在了传统的课堂上，期末考试则以学生的作业为基础，而且没有考

虑到结业论文的质量，结果出现了一些严重的问题，比如：一些作业的格式可能会出现错误，甚至会出现漏洞；而且，文献的收集和评估也没有达到预期的效果；此外，整篇作品也没有明显的结构和内容。

（二）在《学年论文》课程中，我们采用了以研究为导向的教学方法，以提高学生的学习效果

针对《学年论文》这门课，我们采取了一系列的措施来推动其有效的教学。首先，我们根据以问题为导向的原则，重新设计了上课的方法，并加强了学员的参与性。其次，我们还设立了一个学习小组，并制定了一套科学的考核机制，以促使他们更加积极地参与讨论，最后，我们通过两届的毕业论文展示活动，以及毕业论文的撰写，得到了指导老师的认可，最终我们的教学目的是培养他们的专业论文写作技巧。通过这次活动，我们不仅提高了他们的技巧，还增强了他们的创造性。

经过改革，整个学期（16 个教学周，共 32 学时）被划分为三个不同的教学阶段：

在第一阶段（1~6 周），我们将采用全新的教学模式，深入探讨专业论文的格式、规范、选题、数据文献收集、处理技术以及文献综述撰写等基本概念，并且详细阐述课程最终的学术成果的标准和要求，以及每个小组如何完成一篇符合要求的专业论文，并进行集中展示和报告。在这个阶段，我们的目标是帮助学生掌握论文撰写的基础知识和技巧。

在第二阶段，我们将重点关注“非正式学习”的应用，以提高学生的创新精神和综合素质。我们将采取多种措施，包括但不限于：实地考察、小组交流、邀请专业人士进行指导、定期进行汇总和交流，以及鼓励学生之间的相互帮扶和协作。我们的目标是帮助学生提高自己的创新、协同和指挥能力。

为了更好地完成课程目标，我们需要将学生分为不同的小组，并确保每组都有优秀的学生。我们可以根据论文写作模块来安排每个小组成员的任务，或者在论文撰写过程中安排他们的任务。此外，我们还需要确定小组成员都感兴趣的话题，这样才能够更好地完成论文。在第 2 周（第 7~8 周），我们将汇报

我们的选题，并确定论文的写作题目。每个小组的组长都将会提名一位汇报人，他将会详细阐述选题的背景、意义、可行性以及写作计划，最后，我们将会由全班同学和任课教师给出评分，以此来衡量我们的选题工作。

为了更高地指导学生的学习，我们将安排他们在 10~12 期间对相关的文献进行深入的搜索、实证考察、统计分析、总结归纳，并且及时反馈实际的完成情况，并对其中的任务做出及时的反馈。为了更好地激励学生的积极参与，我们将利用多种方式，如建立微信群、设置专业的课堂讨论等，对所有参加的小组的学习状态及时的反馈。经过教育改革，我们发现：除了课堂，尚有很多方式能够让学生收获专业知识。例如，他们不仅能够从书本上汲取专业知识，还能够利用网络搜索、实地考察、参观等方式，从而收获有价值的专业知识。这样的变化，不仅让老师们惊讶，也为推动应用性研究的教育提供了新的思路。

在第三个阶段（13~16 周），我们将通过海报宣传来展示我们的论文。每个小组将在一个学时内进行汇报，并在汇报结束后接受现场提问。最终，我们将根据学生的表现和教师的评价来决定期末成绩。小组可以根据需要自主选择展示汇报的方式，这些方式包括但不限于传统的 PPT 专业汇报，还可以使用视频、图片等多种形式。

二、在研究导向型教学实践中，我们应该特别关注一些重要的问题

（一）大学生学习习惯的改变

采用以“研究”为中心的“教”和“学”方法，是实现《教学法》的有效途径。因此，我们应该采取有效的措施，以促进《教学法》的有效实施，并鼓励学生主动探索，以及采用《头脑风暴》的方法，来提高他们的学习效果。通过使用可穿戴式传感器，学校可以观察到学生的学习情绪，并且可能会出现一些变化。例如，传统的“非正式学习”课程可能会导致学习效率较低，但是可穿戴式传感器可能会帮助学校提高学习效率。因此，除了对传统的“非正式学习”课程进行改进之外，我们也应该关注这些变化。为了更好地掌握专业知识，我们应该进行更多的实际考察、采访和搜集信息。

（二）过程性评价的客观公正

在进行研究导向的课堂上，我们非常注重对课堂进度的监督。同样，我们也非常关注课堂上的评估，以确保它们是客观、公平的。我们不仅会提高课堂的监督频率，同时也会采取措施来避免“搭便车”的问题，以确保课堂的顺利进行。为了确保“搭便车”小班的成绩，老师应该经常和同伴交流，比如老师应该定期跟踪同伴的写作情况，并尽量保持联系。此外，老师还应该采取一些措施来避免有些同伴对“搭便车”小班的成绩产生偏差。例如，老师应该制定一些衡量同伴表现的指标，以便对他们的表现进行监督。

（三）团队沟通的积极高效

团队合作是一项重要的任务，它不仅能够帮助我们更好地理解和掌握知识，而且还能够提高我们的沟通和表达能力。为了更好地促进团队的发展，组长应该合理安排沟通的时间，并且在一起完成一项愉快的活动之后再进行分组讨论。这样，我们就能够更好地锻炼我们的领导能力。对于那些复杂的专业任务，需要小组成员之间进行深入的探讨，而不是简单地将各自的研究成果拼凑在一起，以免影响整体的协调性和一致性。

（四）以学生为中心育人环境的构建

学校应该从传统的评估考核指标出发，转变教学管理和服务模式，将学生的健康成长作为重点，营造一个充满关爱、尊重、关注的育人环境，让学生获得更多的知识、技能和素养，从而实现真正的研究导向型教学。为了更好地满足大学生的发展需求，各教学院系专业应该根据学生的实际情况，结合社会的发展趋势，制定出具体的培养目标，而不是仅仅模仿一些名校和专业的培养模式。为了实现这一目标，学校的各个部门都应该积极参与，共同努力，确保教育策略的有效实施。

PBL（基于问题）教学模式已被广泛应用于会计专业的创新型人才培养，以提高学生的学习效果和能力。

伴随着时代的进步，社会对具有创造力的财务管理者的要求也日益提高，为了满足这一市场的需要，财务管理的本科生必须采取有效的措施，以便更好地满足当今市场的要求，并且实施有效的教学方法，以提高财务管理水平。PBL 教学模式是一种有效的教学方法，它能够帮助我们更好地培养具有创造性和实践能力的会计专业学生。然而，我们也需要认真思考如何使这种模式更好地适用于我们的学习环境。

第七节　PBL教学模式在会计专业创新型人才培养中的应用

随着财务共享、财务智能机器人和云会计的发展，会计行业的需求已经从传统的核算型会计人才转变为更加注重管理的会计人才。因此，企业更加需要具备分析、预测和参与企业管理决策的能力，以及能够为企业带来更多价值的创新型会计人才。为了满足社会的发展需求，大学作为人才培养的重要机构，必须摒弃旧有的思维定式，改革教学模式，努力培养具有创新精神的高素质会计人才。

一、PBL 教学模式如何帮助培养创新型人才，是一个重要的问题

“创新型”一词源自中国，它描述的是那些具备独到见解、敏锐思维、强大技术、丰富实战经历的人。这些人不仅可以根据自身的专业背景、丰富的理论素养、灵活的思维方式，进行革新性的思考，而且还可以为社会的进步作出重要的贡献。显然，一个真正的创新者需要拥有扎实的学术背景，并且要善于运用现存的信息、技术、思维方法来构建自己的观点。这就要求他们必须拥有自主学习的能力，而这种能力往往受限于传统的课堂学习方法。通过采用研究性的教学方法，我们可以帮助培养具有创造力和独立思考的人才。

PBL（基于问题的教学）方法，源于 20 世纪 60 年间，当时被广泛应用到医学院的课堂上，它将使用者置身于一个真正的挑战环境，通过解决日常的实际问题，培养使用者的主动学习，从而改善教学。PBL 方法已经被广泛地运用于各个领域，尤其是在医疗领域。这种方法强调激励学生的学习兴趣，鼓励自主探索、实践性思维、交流讨论，并且鼓励老师、同伴及家长的参与，从而大

大提高学生的自主思维、实践性探索、创新精神的水平。这种教育方法的重点在于如何提出和挑选课程难点，制定和执行课程时间表，并通过小组活动和交流来分享和展现自己的学习成就。

二、PBL 在培养具有创造力的会计专业人才方面具有重要作用

PBL 教学模式旨在通过提出有意义的问题，让孩子们更加深入地理解和探究，以及将理论知识和实际相融合，以取得最好的教学效果。通过将理论知识和实际结合，能够很好地协助孩子们理解和掌握所涉及的概念，并且有助于他们很好地理解和应用所掌握的技术。PBL 教学法大大提高了学习效率，它打破了以往老师讲授的局面，让学生主动参与，不再受到老师的束缚。它强调，学生需要利用课余时间，从实际出发，深入探究，不断提升，以便最好地掌握所需的技能。通过让他们独立思考和选择，我们能够很好地激励他们的积极性和创造力，从而提高他们的学习热情。

通过 PBL 模式，我们可以培养的独立学习意识。学习者可以通过收集、整合有关的资料，深入学习课本内容，掌握有效的基本概念，并将其应用于实际的问题；当教学过程中出现困难，学习者可以主动探索，以获得更多的学习收获，从而摆脱了以往的依赖性教学。通过这种方式，学生们可以培养出独立思考、积极探索、理解和应用所掌握的技巧，从而不断增强和发展他们的个人和集体学习技能。

PBL 教学模式旨在培养学生的综合能力，不仅要求他们根据自己选定的问题收集和整理相关文献，而且还要求他们通过小组讨论、团队协作等方式，将自己的学习成果展示出来，并对其进行有效的评估。通过这个过程，不仅可以显著提高学生的学习能力，还可以让他们更好地掌握信息处理、表达和沟通技巧，并且可以更好地进行合作，从而有效提升他们的综合素质。

三、在会计专业的创新型人才培养中，采用 PBL 教学模式是一种有效的方法

PBL 教学模式在会计专业的理论课程中被广泛使用，但在具体的实际操作中，它的重点在于如何确保问题的准确性、合理性、完整性以及能否满足学生的特定需求。在 PBL 教学中，最重要的一点就是确保问题的准确性，以便让学生可以更好地掌握所涉及的内容，并且可以更好地激起他们的学习欲望，从而提升他们的兴趣，提升他们的能力，提升他们的创造力，从而达到最佳的教育效果；通过提出具备现代意义的问题，可以唤醒学生的学习欲望，并让他们感受到所掌握的技术和技巧的重要性；此外，这些问题应该具备可拓展的特点，可以提供多种可行的方法，以便让他们在探索中获得最佳的结果；在会计领域，它被认为是一门非常精细的课程，并且面临着许多挑战。这些挑战通常都非常具有挑战性，因此，拥有丰富的专业知识和经验尤为重要。

在制定完学习进度计划之后，老师会向全体同学发出一系列有关如何解答这些问题的提示，以便让他们更好地掌握所涉及的基本概念，同时也会提供有关如何利用所提供的学习材料及技巧的指引。在这个阶段，学生们将会通过小组讨论来更加全面和系统的了解这个话题。他们将会认真研读和思考这个话题，并将其作为一个重要的参考资料。他们还会认真总结和总结，为下阶段的讨论和研讨打下扎实的根基。这个阶段的学习将会是完全独立的，因此，他们将会有更多的机会和资源来获取信息。

通过小组合作，学习者们可以更好地完成自主学习的目标，并且可以通过小组讨论来交流自己的学习经验。老师会提供有关小组活动的详细信息，并且可以帮助学习者们更好地理解并掌握知识。在课堂上，为了激发学生的积极性，老师们必须积极地激发他们的参与，让他们在小组内部展开有效的交流，并且在有意义的话题上互相交流，让每个人都有机会发表自己的见解。老师们必须拥有丰富的知识储备，并且要有很好的沟通技巧，及时地为每个人的发言提供支持，并且要有足够的激励，帮助他们更好地思考。

在讨论完毕后，教师应该对讨论内容和相关知识进行全面的整理，帮助学生更好地理解和掌握，并将所学的知识、经验等总结出来，以 PPT 或论文的形式呈现出来。然而，会计专业的课程内容十分复杂，因此，PBL 教学模式并不能满足所有的需求。因此，教师应该充分利用PBL教学模式，并结合其他教学方法，以更有效地传授那些不能完全依赖PBL模式的知识。

为了达到培育创新型人才的目的，我们采用PBL教学模式。在进行评估和测试时，我们需要摆脱传统的测试方法的束缚，把测试和测试的内容融为一体，特别关注测试的过程。为了更好地促进学习，我们建议增加过程性考核的权重，并采用更加丰富的形式来衡量学习效率。例如，通过检查学习者的学习笔录、参加小组讨论的频率、表现情况、完成PPT作品的质量、参加小组活动的积极性，来更好地促进学习者的学习、表达、创新思维的发展。

四、我们将为会计专业的PBL教学模式提供充足的资源和优秀的教师支持

PBL教学模式的实施需要得到网络平台的大力支撑，它能够满足学习者的多样化需求，从而使学习更加有效率、高效率。因此，网络平台的主要功能就变得尤其重要：首先，它能够为学习者提供大量的学习材料，帮助他们更好地理解课堂内容；其次，它能够帮助学习者更有效地完成学习任务，并且能够更好地反馈学习效果；此外，它还能够帮助学习者更好地评估自己的学习情况，并且能够更加全面地反映学习者的学习状况，从而更好地指导学习者的学习。通过改进课程内容和方法，我们可以大幅度降低教师的负担。

PBL教学模式是一种有效的会计专业人才培养方法，但是，为了达到最佳的教学效果，老师们必须不断地加强自身的能力，包括课堂上的问题的挑战性和有针对性的解决方案，以及课堂上的讨论流程的有序实施。PBL教学模式的实施需要老师具备良好的基础知识和丰富的实践经验，以及出色的课程安排和有效的管理。为了确保这种教学模式的有效实施，老师需要不断努力，不仅熟悉本职领域的内容，还需要熟悉跨领域的知识，并且积极投入到实践中去，以便更好地发挥自身的作用。

为了让学生们能够更有效地学习，学校应该建立一个专门的学习室，以便他们可以在这里自主学习和研究性学习。这个学习室可以提供多种功能，包括网络平台、专业图书文献、自习室、专业教师指导等，以便学生们可以更快地

获取资源，并且可以通过深入的交流和讨论，来营造出一个良好的学习环境。

PBL 教学模式的重要性无可置疑，它的教学流程以解决实际问题为核心，而且这种模式还要求学生掌握更多的背景理论知识，因此，课程教材的设计和编写必须更加注重实践性，以便更好地满足 PBL 教学模式的要求。为了更好地实施 PBL 教学模式，学校应该精心设计和编写专门的教学资料，以提高教学质量。然而，由于会计专业的知识体系非常严谨，因此，不能将所有的课程和知识都应用 PBL 教学模式。在采用 PBL 教学模式时，教师需要仔细研究，结合学生的实际情况，制定出最佳的课程安排，确定最适合的知识点，并制定出最有效的教学流程，以充分利用这种教学方式的优势。

PBL 教学模式是一种有效的转换，它能够帮助我们更好地适应新的环境。我们建议，我们首先要让学生们熟悉并巩固他们的 PBL 教学模型。这样，他们就能够更好地融入到他们的日常工作和学习之中，并且能够更好地运用这种技能。我们建议，我们的教师首先要让他们的课程更加全面，包括企业财务、税收、审计等领域的内容。这样，我们才能更好地帮助他们把他们的理论和实践结合起来，更好地适应新的环境。通过提供有效的方案和支持，帮助企业更好地应对日益增长的挑战，并促进其员工的科技进步。

第六章　大数据时代对会计专业人才培养的影响

第一节　大数据时代对会计基本认识的影响

一、大数据时代对会计世界认知方式的影响

人类活动纷繁复杂、多种多样，但人类活动过程、活动结果以及活动中存在的各种关系都会留下痕迹，这些痕迹可以通过新技术的应用以数据的形式进行记录，在记录的过程中就产生了相应的结构化或非结构化数据。业界通常用4个V（Volume、Variety、Value、Velocity）来概括大数据区别于传统数据的显著特征，这4个显著特征向人们传递了多样、关联、动态、开放、平等的新思维，这种新思维正在渗透我们的生产、生活、教育、思维等诸多领域，逐渐改变了人类认识、理解世界的思维方式。

一些大数据学者把大数据提到世界本质的高度，认为世界万物皆可被数据化，一切关系皆可用数据来表征，如黄欣荣（2014）认为随着大数据时代的来临，数据从作为事物及其关系的表征走向了主体地位，即数据被赋予了世界本体的意义，成为一个独立的客观数据世界；田涛（2012）认为未来生产力的三大要素是人力、资本和数据，大数据已经成为与自然资源、人力资源同等重要的战略资源。在大数据时代，该种新思维认为全体优于部分、杂多优于单一、相关优于因果，使人类的思维方式由还原性思维走向了整体性思维。

此外，通过对经济活动的数据化，并对该数据进行分析，能够实现对某一事物定性分析与定量分析的统一，能够促使对那些曾经难于数据化的人文社会

科学领域开展定量研究。从目前的研究来看，无论是规范研究还是实证研究，基本上是通过寻找事物之间的因果关系来解释或揭示某一规律或现象，会计更是如此。会计是通过强调经济活动之间以及会计数据之间的因果关系来保证经济业务以及会计数据的客观性、真实性与可靠性。由于信息传递的弱化规律的客观存在，通常来说，人们无法对超过一定层级关系的因果关系链条以及本就不明显的因果关系做出准确判断与分析，如由于报表数据与原始凭证之间经过了几次的数据加工，报表数据只能反映企业最终的整体情况，却很难推导或还原出当时的原始凭证的实际情况；同时，因果关系只能做单向的逻辑推导，即"因—果"，而不能是"果—因"，因为"因—果"是确定的、唯一的，而"果—因"则是不确定的，有多种可能性。在会计大数据时代，人们可以利用数据量的优势，通过数据挖掘从海量会计数据的随机变化中寻找蕴藏在变量之间的相关性，在看似没有因果关系或者因果关系很弱的两个事物之间找到它们既定的数据规律，并通过其中的数据规律以及数据之间的相关关系来解释过去、预测未来，并可以做到因果的双向分析，从而补充传统会计中的单一因果分析方法的不足。由此可见，大数据将会改变人们对客观世界，乃至会计世界的认知方式。

二、大数据时代对会计数据的影响

会计是以货币为主要计量单位，以凭证为主要依据，借助专门的技术方法，对一定单位的资金运动进行全面、综合、连续、系统的核算与监督，向有关方面提供会计信息、参与经营管理，旨在提高经济效益的一种经济管理活动。简单来讲，会计是通过对数据，尤其是会计数据的确认、计量、报告与分析，帮助企业的管理者来管理企业，并向外部利益相关者提供会计信息的一种管理活动。

目前的会计数据各种各样，可以归纳为三类：①用来进行定量描述的数据，如日期、时间、数量、重量、金额等；②用来进行定性描述的数据，如质量、颜色、好坏、型号、技术等；③不能单独用来表示一定意义的不完整、非结构化、碎片化的数据。

目前对会计数据的处理还仅仅局限在第一种定量描述的数据的处理，尤其是那些能够以货币来进行计量的经济活动所表现的会计数据，因为这种数据既能比较方便地进行价值的转换与判断，又能很直观地还原出企业的生产经营过程，使利益相关者可以通过会计数据信息了解企业生产经营过程以及生产经营结果。定性描述的数据与定量描述的数据相比，存在一个很大的缺陷，那就是定性数据只能大概推断而不能还原出企业的生产经营活动过程，比如，这个产品质量好，只能推断出企业经营过程良好，至于在哪个生产步骤良好，这个企业的良好和别的企业的良好一样还是不一样，我们就难以知晓。所以，定量数据的过程和结果能够互为因果推断，而定性数据只能达到经营过程是因、经营结果是果的推断。对于第三种不完整、非结构化、碎片化的会计数据以因果关系的推断来看，存在更为严重的问题，因为不完整、非结构化以及碎片化的特征，该类数据会导致因果关系推断的障碍，无法推断出经营结果，经营结果也无法还原经营过程。

从目前会计数据的使用情况来看，定量描述的数据经常使用，定性描述数据较少使用，非结构化、碎片化数据基本没有使用；从企业的整个会计数据的作用来看，定量描述数据的作用固然重要，尤其是金额数据，但是定性描述数据以及非结构化、碎片的数据也很重要，会对会计信息使用者产生重要的影响，甚至会影响会计信息使用者的决策，比如，好的商品质量能扩大企业的知名度，会给企业带来巨大的商誉，进而给企业带来超额利润。由于定性描述数据以及非结构化、碎片化数据的内在缺陷，这些数据的作用目前还无法发挥出来，也阻碍了会计理论与会计实务的发展。

随着互联网、物联网、传感技术等新技术的应用，不仅实现了人、机、物的互联互通，而且建立了人、机、物三者之间智能化、自动化的“交互与协同”关系，这些关系产生了海量的人、机、物三者的独立数据与相互关联数据。目前那些难以用货币来计量的经济活动，其实都可以通过以上新技术来进行记录，记录过程中会相应地产生大量的数据，这些数据不仅有数字等结构化数据，还有规模巨大的如声音、图像等非结构化、碎片数据。

随着大数据时代的到来，定性描述数据以及非结构化、碎片化的数据，尤其是非结构化、碎片化数据的增长速度将远远超过定量描述数据的增长速度，非结构化、碎片化数据以及定性描述数据将会成为会计数据的主导。虽然定性描述数据以及非结构化、碎片数据存在内在的缺陷，但是在大数据时代，却可以使用大数据挖掘技术发挥出该类型数据的会计作用。虽然这些数据不能完整、全面、清晰地推导与反映企业的经营结果和经营过程，但是大量的这些数据放在一起，却能够利用它们之间存在的相关关系推导与反映出企业的经营过程与经营结果，比如，你把一个生产步骤细分为成千上万个步骤或者最大限度地细分步骤，一个细分步骤不能表示什么含义，但是把大量的细分步骤组合到一起同样能够构成一个完整的步骤，那么就能达到定量描述会计数据的相应功能。在传统的会计理论中，使用的会计数据基本上属于定量描述数据，主要有两个原因：一是定性描述的数据不能准确地以货币来计量；二是数据量小的时候，利用数据的相关性关系远不能达到因果关系推导出来的结果那样准确、那样令人信服，原因在于数据量小的时候，利用相关关系推导出来的结果随机性较大。传统会计选择那些定量描述性的数据作为会计数据，实际上是时代的局限性决定的。

随着互联网、云技术、大数据挖掘等新技术的使用，非结构化、碎片化数据急剧增加，非结构化、碎片化数据真正成了大数据，这些数据已成为企业的重要资源，将会影响企业的可持续发展。从统计学角度来看，非结构化、碎片化的会计数据摆脱了小数据必须使用因果关系分析的内在局限性，利用相关关系的数据分析可以达到因果关系的数据分析的同样效果，从而为非结构化、碎片化数据应用于会计提供了可行的理论基础与技术支持。因此，在大数据时代，这些定性描述的数据以及非结构化、碎片化的数据丰富了会计数据的种类，扩大了会计数据的来源渠道。

在大数据时代，会计数据将由三部分构成：第一部分是定量描述性数据，第二部分是定性描述性数据，第三部分为非结构化、碎片化会计数据。目前的会计数据实际上是直线型的数据，大数据时代的会计数据将变得更加立体化，有可能出现三维或者多维形式的会计数据。

第二节 大数据时代对财务会计的影响

一、大数据时代财务会计工作需要达到的标准

财务会计工作需要达到的标准是在已有的基础上进一步地改革和创新，让更多的数据能够被财务会计工作者完整地处理，只有这样，才可以很好地保证整个企业的经济收益。在大数据时代来临的时候，各个企业都需要通过提升财务会计工作效率来保证企业的收益，也就是说，大数据时代就是要求财务会计工作能够与时俱进，而不是停滞不前、利用最传统的方式进行财务会计工作。总而言之，需要进行的创新工作是比较彻底的。

（一）在财务会计工作中应更多地积累各种应用数据材料

大数据时代的到来给财务会计工作带来了极大的便利，也带来了很大的发展空间，只有保证整个企业的财务会计工作能够利用先进的信息技术进行各种数据的分析和处理，才可以有效保证企业的整体收益，让更多的数据材料在大数据信息技术的使用下得到相应的处理。

这种便利正是由于大数据时代将数据信息化，确保财务会计工作的完成效率更加高效。提升企业的财务会计管理工作有助于提升企业的市场竞争力，所以，要确保财务会计工作中积累的大量数据材料能够利用大数据的特性进行高效作业。

（二）在财务会计工作中应对非结构化数据进行价值提取

对于企业数据的处理，财务会计主要是对结构化数据进行系统化的处理，这种处理方式是目前比较流行的。然而，随着时代的进步，计算机技术可以有效提升结构数据的处理效率，可以很好地保证企业对整个财务会计的处理方式进行严格的管理。随着大数据时代的到来，财务会计工作者使用计算机技术对

非结构化数据进行管理和处理已经越来越熟练，还能够在规定的时间内有效完成相应数据的处理工作。

（三）会计使用者的需求应进行不断的创新

由于大数据时代的要求就是不断地更新改革，为了保证财务会计的工作者能够更加完善地完成对数据的处理，就应该将财务会计的工作目标从原始的经济管理型转移到决策管理型，只有这样，才能在企业的许多方面占领优势，企业的财务会计管理工作才变得至关重要。随着市场竞争越来越激烈，想要将企业的利益最大化，就需要运用大数据时代所带来的新技术和新方式进行数据的处理，目前，云计算方式不仅可以很好地保证信息容量的增大不会给财务会计工作增加困难，还能够符合使用者的多元化要求，是新时代进步的一大优势。

二、大数据时代对财务会计的具体影响

（一）对会计信息来源的影响

如前述所言，大数据所带来的，不仅有结构性数据，同时还伴有非结构性数据，且非结构性数据可能会更多。传统的会计信息，多来自结构性数据，且结构性数据更可被分析、利用，甚至是直接采纳。而大数据时代所带来的，更多的是非结构性数据，这也对会计信息来源产生了一定的影响。

一是非结构性数据越来越多，并广泛存在于会计信息中。非结构性数据与结构性数据的共同存在，这是大数据时代的标志之一，同时大数据技术也可实现将非结构性数据与结构性数据相结合，并加以分析，发现海量数据之间的相关关系，通过定量的方式，来反映、分析、评判企业的经营发展情况。

二是强调海量数据之间的相关关系而非因果关系。在大数据背景下，所强调的是相关关系而并非传统意义上的因果关系。比如相关关系是指会发生什么，而因果关系是指为什么会发生。大数据往往通过相关关系来指出数据之间的关系。

三是传统会计分析强调的是准确性、精准性，而大数据时代强调的则是数

据使用效果。传统会计分析认为，会计信息的精准性无比重要，同时也不接受舞弊造假信息或是非系统性错误。但大数据时代则更多的关注会计信息分析带来的效果，而对精准性没有那么高的要求，或者说，绝对的精准并非大数据时代所关注的。

传统会计信息体系中，由于缺乏海量的数据做支撑，因此任何一个所获取的数据信息，都对会计信息产生至关重要的影响，也就需要这些信息保证其真实性、可靠性，才不会导致会计信息的失真。所以，在小数据时代，人们会通过反复的检查与论证、各类测试性程序和分析复核程序，来减少、避免错误的发生，也会采用测试样本判断是否存在系统性偏差。尽管所获取的信息不多，但是论证这些信息所花费的时间成本、人工成本确实不容小觑。

在大数据时代，由于数据的繁多与复杂，人们不再过于担心某一数据出现的偏差会给会计信息质量带来致命的影响，也不需要耗费众多的成本来消除这些数据的不确定性。因此大数据时代所带来的效果，往往比传统会计信息的准确性更重要。

（二）大数据时代对会计资产计量的影响

由于大数据在会计行业中产生越来越多的效应，并逐渐被广泛使用，因此就不得不考虑大数据对资产计量所带来的影响。

1. 初始计量成本

在传统的财务会计中，初始计量成本有历史成本和公允价值计量。公允价值有着不可比拟的优越性，能客观反映企业经济实质，为信息使用者提供更加及时、高度相关的决策信息；能够使收入与成本、费用切合实际，实现有效配比；有利于企业资本保全，同时符合资产负债观。公允价值计量得到的金额可以克服物价上涨等不利因素对会计信息质量的影响。但是公允价值的取得不可避免地存在缺乏可靠性、可操作性等问题，公允价值所强调的“公平交易”在现实中难以保证，所以这一计量属性的使用效果大打折扣。

大数据时代的背景下，数据的积累和发布日益增多，在大量的数据面前，公允价值变得越来越透明，从整体上提高了公允价值的可获得性、可靠性、科学性，在一定程度上克服了主观判断等不利因素的影响。在一些必须使用公允价值作为计量属性的经济业务中，如金融资产、金融负债等的计量，要充分利用大数据时代所带来的极大便利，对资产的公允价值进行客观的、科学的测量，提高会计信息质量,同时有利于促进市场建立一个透明的、可靠的公平交易平台。

2. 计量单位

传统会计中的计量单位通常采用“元”。但是在大数据时代，将来有可能出现以“非元”为单位的计量单位，如时间、数量等。

第三节　大数据时代对管理会计的影响

一、大数据时代管理会计的作用日益凸显

管理会计作为财务会计的一个分支，其主要任务是通过向企业内部管理者提供及时有效的信息，辅助企业经营决策。具体来说，其职能包括预测企业未来的经营、财务状况以及现金流量等；帮助企业进行长短期经营决策；通过规划和预算，加强事前、事中控制；通过责任考核与业绩评价，加强事后控制，提升企业绩效与核心竞争力。大数据时代的到来，给管理会计上述职能的发挥提供了新的契机。

（一）提高企业预测能力，抓住商战先机

手机已经不再是传统意义上的用于打电话、发短信的通信工具，其在网络信息传递方面的作用更加强大。开通官方微博也逐渐成为企业加强管理与沟通的流行趋势。通过微博，企业可以随时发布产品、服务等信息，消费者也可以通过微博、朋友圈等随时随地分享自己对某种产品或服务的评价与态度。这些都使得信息的传递更加即时、快捷。

企业应充分利用这些通信工具，实时获得各种新的信息，进而利用管理会计预测的专门技术与方法，及时了解竞争对手的最新动向，了解和测度市场的

变动及趋势，进而快速地对竞争对手的举措做出反应，赢得市场先机。

（二）提高企业决策能力，提升企业核心竞争力

一直以来，除直销企业外，企业与客户之间很少有直接联系，这也使得企业难以取得有关客户需求的第一手资料，也难以针对客户的潜在需求及其变动，及时做出有针对性的企业决策。大数据时代，尤其是物联网的出现，令这种局面大为改观。

企业不仅能够更加精准、详细地获取顾客在各类网络活动中的数据，而且能够从以往被忽略的数据中挖掘出新的有价值的信息。比如，消费者对某款产品或商品进行了网上搜索，但最终可能并没有实际购买，以往此类数据可能会因为未形成实际购买力而被忽略，更不会被收集或分析。然而，大数据时代的企业却会对此类信息高度重视，他们往往会聘用专门的人员或机构，对顾客的网上搜索行为进行分析，如被搜索商品的类型、搜索条件、搜索次数、搜索时间等，并依据这些信息推测消费者的消费偏好、消费动向和潜在消费点，通过特殊的网络设置，在消费者再次访问该网站时自动向其推荐可能感兴趣的本单位产品的信息。不仅如此，管理会计人员还可以依据这些信息，对其进行量化分析和理性逻辑思考，帮助企业明确本单位产品或商品的需求动向与未来发展，指引企业及时调整生产经营策略，提升企业核心竞争力。

二、大数据时代对管理会计的具体影响

管理会计的职能一般可分为三个方面：一是对初始成本的确定及后续成本的计量；二是为现时及未来的决策、规划提供会计数据支撑；三是为控制、评价管理提供准确的数据帮助。在大数据时代的冲击之下，管理会计的职能势必受到一些影响，也会产生一些变化。

（一）对初始成本的确定及后续成本的计量

在管理会计所提供的各类信息中，如何确定初始成本是核心。企业的经营活动，都离不开成本的确认。同时，成本确认，也贯穿于企业预测、编制计划

和预算等各个环节中。因此如何对初始成本确定和后续成本计量，是大数据时代对管理会计的一大影响。

传统的成本确认和成本计量，其确认和计量的信息来自企业内部，但在大数据时代，就会使得这些信息发生一些变化，同时这些内部信息对企业的需求也是不够的。外部信息可以为企业提供更为完整的决策依据，从宏观上看，外部信息提供了行业背景资料、企业所处行业的位置、竞争对手的信息和竞争定价策略、行业供应链的结构和变化趋势等。

这些外部信息，就是企业内部各系统、各环节人员所不能提供也不能控制的，因此这些非结构化数据就需要大数据的挖掘和利用，将这些结构化数据与非结构化数据加以分析，确定其内部关联性和相关性。基于大数据挖掘的企业能够更为准确地确定成本和成本计量，也为企业的生产、经营、销售、管理等环节降低风险、提高管理水平和管理效率，提供了有效的数据支撑。

（二）为决策和规划提供有利的会计数据支持

企业是自负盈亏的，因此在经营管理过程中，如何能够持续、稳定的增长是企业管理会计的主要职责。现在企业的管理会计，重点是以顾客为中心，通过提供多类别、有针对性的服务，提高企业核心竞争力，通过成本费用、利润、资金运作等方面，制定多种管理方案，而管理会计通过综合评价这些方案的优劣性，来择优选出适合企业发展需要的最佳方案。

诚然，不论是企业的短期经营目标还是长期经营目标，无论是短期战略还是中长期战略，如果没有海量的数据作为支持，就不可能得出全面、准确的决策，尤其是在越来越以数据为主的时代，对大数据的分析和挖掘，显得尤为重要。

企业经营决策的前提，是要有准确的预测，而预测的前提则是有准确的分析。分析就来自数据的支撑。传统的分析，基本上来自企业内部，而企业内部信息已经远远不能满足分析预测，因此预测能力大打折扣。

第四节　大数据时代对会计工作影响的对策

一、会计机构应对大数据时代的策略

在大数据时代，需要我们将原本杂乱无章、零散的数据，通过合理地分析、运用，整合成对企业会计有用的数据。目前我国北京航空航天大学计算机学院和百度公司共同合作完成了大型数据处理中心的建立与应用，为百度公司及其客户群提供大数据的研究与实践搭建了共享多维度的平台。在大数据到来之际，企业需要从以下几方面着手应对。

（一）建立大数据资产概念，积极响应海量数据需求

在我国，已经有很多行业开始着手建立大数据资产，如电力、财险公司、航空、电信等行业。通过建立大数据资产，分析用户使用行为及用户使用效果，分门别类地制定特定人群的销售政策，加强交叉销售和追加销售；同时，通过大数据资产，可以有效地预测用户的行为习惯和趋势，为用户提供更加人性化、有针对性的产品和销售政策。通过数据的分析，可以准确地判断出企业在行业中的竞争地位、提炼出适合自身发展的有价值的信息，更有针对性地找准市场定位，了解客户的基础信息、个性化需求，以便更好地预测现有用户的发展趋势和未来用户的销售习惯，帮助企业更高效、准确地决策未来市场。所以说，先认识大数据资产、优先建立大数据资产概念，促使企业主动地管理网络信息资源，是企业应对海量数据的措施之一，也能提高企业的经营效益。

（二）确认大数据资产，可以使会计信息质量得以充分实现

根据市场营销学，我们得知，无论客户在哪个行业中，只要下了订单，就会产生客户基础信息。其包括但不限于客户的年龄、所处地域、个人喜好、消费喜好及其他个性化的数据。而这些客户的基础资料一旦提交给企业，企业的信息资料库中便生成一份客户的基础表格，也将会永久保存客户的信息。

在传统小数据时代，技术人员和职能部门人员，无法对这些客户信息的内

在关联性进行挖掘；但在大数据时代，面对这些繁多冗长的客户资料，通过大数据资产就可以对其进行分析和处理，为企业提供更为广泛的客户群体资料，为将来的市场定位提供优质的数据支撑。

诚然，这些大数据并非孤立存在的，而是存在于企业的会计信息中。这些信息，不仅可以如实、精准地反映企业现阶段的财务状况，还可以帮助企业通过分析、挖掘这些客户的行为习惯等，使得这些大数据资产得以充分发挥其作用，并为会计信息质量提供保证。

二、大数据时代管理会计加速发展的策略

面对大数据时代带来的机遇与挑战，企业应该积极采取多项措施，有效加以应对。

（一）树立在大数据中应用管理会计的意识

要及时抓住大数据的机遇、有效应对其挑战。提高对大数据时代管理会计作用的认识，有关部门或科研院所可以总结与大数据有关的管理会计实践的先进经验，编辑出版有关大数据的会计刊物、专著、资料等，把大数据相关知识融入管理会计学习，推动和加强管理会计专业教育，使大数据对管理会计的影响与作用为广大的会计从业人员和会计学习者认识与了解。

（二）构建基于云计算的会计信息系统

大数据时代的信息存储工具必须具有足够大的容量，要能够容纳 TB 级别的数据，对数据进行迅速分析，也要能够支持低延迟数据访问和决策。随着互联网、传统计算机技术与网络技术融合而产生的云计算为解决此难题提供了帮助，云计算通常通过互联网提供动态、易扩展、虚拟化的资源，具有“资源共享、快速交付、按需服务”等显著特征。

在云计算模式下，企业能够实现对 PB 级别数据的存储，满足 ZB 级别海量的结构化、半结构化乃至非结构化信息的分析需求，企业的数据也会被保存在互联网的数据中心，而不占用企业自身的存储空间，其所需要的应用程序也

在互联网的大规模服务器集群中高速运行。这不仅能大大提高企业存储、分析信息的效率，而且能够实现对数据的深度挖掘，使其价值充分显现。在一定程度上，构建基于云计算的会计信息系统，是目前解决大数据存储与分析问题最直接、最有效的方法。

第六节　大数据时代会计专业人才培养课程体系的构建

21世纪以来，信息技术的爆炸式发展给传统的会计行业带来了巨大的冲击，会计机器人、云会计、财务共享、“互联网+”、区块链等新名词令人眼花缭乱。可以肯定的是，这些新技术的发展促使会计行业无法逆转地进入了一个数字化、智能化发展的新阶段。面对这前所未有的变革，很多高校都在思考会计行业将如何发展、如何培养未来的会计专业人才。由于对各种新技术认识的不同，目前大家对这些问题尚未形成统一的观点，有人认为会计专业需要革新，也有人认为应该对财会专业学生加强计算机编程方面的训练。本节在分析现代信息技术给会计行业带来深刻变化的基础上，探索未来财会专业人才应具备的基本素质，对培养这种基本素质的核心课程体系进行了研究。

一、大数据时代会计职业的转型定位与素质要求

（一）信息技术的发展对会计行业带来的冲击

信息技术的发展提高了会计数据的处理效率，将财会人员从繁重的简单重复劳动中解放出来，从事更有价值创造性的工作。特别是以下三项技术，给会计行业带来了巨大的冲击。

1. 会计机器人

会计机器人就是人工智能在会计领域的应用。与其他信息系统相比，会计工作的数据来源广泛、数据量大，但有大量的重复、周期性明显；并且数据处理流程复杂，有严格的程序规定。会计机器人的出现可以减少对这些简单重复、

有规律可循工作的人工投入，大大提高了工作效率。由此可见，会计机器人主要应用在会计基础数据的收集、识别、处理、加工等能够程序化的工作上，能大大降低会计信息生产成本。基础数据处理的效率提高和成本降低，促使会计数据的深度利用成为可能，企业账户层面和交易层面会计数据以及相关业务数据相互融合，实现业财融合、财务共享等管理模式的创新。

2. 区块链

区块链本质上是一个去中心化的数据库，它是按照时间顺序将数据区块以顺序相连的方式组合成的一种链式数据结构，并以密码学方式保证的不可篡改和不可伪造的分布式账本。由于工作的特殊性，会计对数据的真实性、可靠性要求高，处理过程中对数据的安全性、保密性要求高，对区块链技术来说大有用武之地。

未来区块链技术可能会促使会计记账方式、记账流程、报表披露等方面产生根本性变革，引起审计鉴证、交易认证、内部控制等业务的变化。

3. 云会计

云会计其实就是利用云技术在互联网上构建虚拟会计信息系统，完成会计工作的一种新模式。传统的会计工作需要购买会计软件，并安装在电脑设备上，而云会计的出现可以突破这种现实局限。在云会计环境下，会计信息共享在“云端”，通过手机、平板和电脑等终端，会计人员可以随时随地对会计业务进行处理，大大提高了工作效率；企业管理层也可以及时了解企业的会计信息。目前对云会计比较担忧的是其安全性，大量的数据存储在云端，一旦云存储中心遭到破坏或攻击，后果不堪设想。随着云服务平台运行稳定性增强，云会计将大大降低企业的管理成本。

信息技术的迅猛发展把人类社会带向了大数据时代，数据成为最重要的资源，谁拥有更全面的数据，谁就占据了制高点。如何通过强大的机器算法获取有价值的信息，是大数据时代的难题。对不同数据进行专业性的分析，可能是未来职业发展的重点，如医生通过分析病人的体检数据，挖掘疾病的成因和规律，让诊断和治疗变得更加准确，但没有经过医生职业训练的人，即使看到同样的数据也很难做出正确的诊断。

（二）大数据时代会计职业的转型定位

对会计行业来说，企业建立起内部数据共享中心，各职能部门之间的信息孤岛被打破，每天有大量的财务会计方面的数据产生，以及其他各部门的非结构化、碎片化的数据，再结合宏观政策、经济环境、行业发展、消费潮流等企业外部数据，成为大数据会计工作的基础数据来源。

这些数据具备的特点如下：（1）来源广泛，包括企业内部各部门、税务机关、银行、工商管理部门、财政部门等；（2）结构复杂，既有结构化的数据，也包括半结构化、非结构化的数据；（3）形式多样，文本文件、图形图像、音频视频等都可能成为数据来源；（4）数据量大，单位数据的价值含量低。如何在大量数据中挖掘出有价值的信息，将成为最具创造性的工作。

在大数据时代，企业管理的复杂性要求会计信息系统向更加精确、智能化方向发展：一方面会计控制工作要前置，在预算控制、业务审批时就会进行会计控制；另一方面会计管理工作将从提供反馈信息为主，发展为提供预测信息为主，为企业管理提供及时可靠的决策信息。而这些可能是未来会计工作的主要内容。

在这种情况下，大数据时代的财会人员，除了少数从事基础的财务数据收集、整理工作以外，大部分人员的工作将是对财务会计数据进行数据挖掘与分析。他们的分析对象除了公司内部的基础财务会计数据外，还有同行业数据、宏观经济数据等企业外部的大量数据，而分析的目的在于给企业经营管理提供会计信息，为企业创造价值。

分析的主要内容包括两个层面：一是战略层面包括企业外部环境评估、长中短期策略制定、市场趋势预测、内部资源配置等；二是经营层面包括投融资计划、成本控制、营运资金管理、生产采购流程决策、库存管理、市场开发决策、新产品研发决策等内容。

（三）大数据时代对会计人员的素质要求

对财务会计数据的分析能力将成为财会人员的核心竞争力。这虽然需要借助大数据分析工具，但不是计算机人工智能能够随便替代的，需要经过严格的专业培训和多年经验积累，因而具有显著的专业特征。要培养这种分析能力，需要从以下三个方面进行努力。

第一，数据思维能力，即要培养用数据解决问题的思维习惯。对数据价值的把握绝非一件易事，既需要一定的专业训练，也需要长期的经验积累，才能具有对数据的敏感性，善于从数据中发现规律。

第二，数据处理与分析能力。需要掌握一定的信息技术知识和技能，包括如何收集数据、管理数据、处理数据，还包括数据建模、分析结果的可视化呈现等基本技能。

第三，数据应用能力，即需要培养用数据解决企业经营过程中具体问题的能力。这需要在实践中不断积累经验，充分发挥财会人员的创造性和认知性，提高发现问题、分析问题和解决问题的能力。

二、大数据财会专业人才培养目标与课程体系构建

（一）大数据会计专业人才培养目标

大学教育的目的是为学生未来的职业发展奠定基础。经过培养和学习的大数据会计专业人才应该具有较高的财务数据分析能力，具备扎实的数据思维能力，掌握了数据处理和分析技术，并能将其应用于实际问题的解决方案中。他们善于运用大数据和人工智能技术进行系统设计、分析、决策和评价，具备财会专业的基本职业判断能力，能通过敏锐的洞察力对信息进行恰当分析，及时分析和解决财务工作实际问题，能够在大中型企事业单位从事财务管理与综合分析工作，在证券公司、会计师事务所等专业中介机构从事与财务、会计、审计、行业分析等相关的专业工作。

（二）大数据会计专业人才培养的课程体系

人才培养的课程体系就是教学内容按一定程序组织起来的系统，是人才培养活动的载体。一个完整的课程体系包括通识教育课、学科基础课、专业必修课、专业选修课及实践课等内容。与传统的会计专业课程体系相比，大数据会计专业人才培养的课程体系只有突破陈规，全面创新，才能培养出社会亟须的大数

据会计人才。我们设计了一套课程体系，如图 6-1 所示。

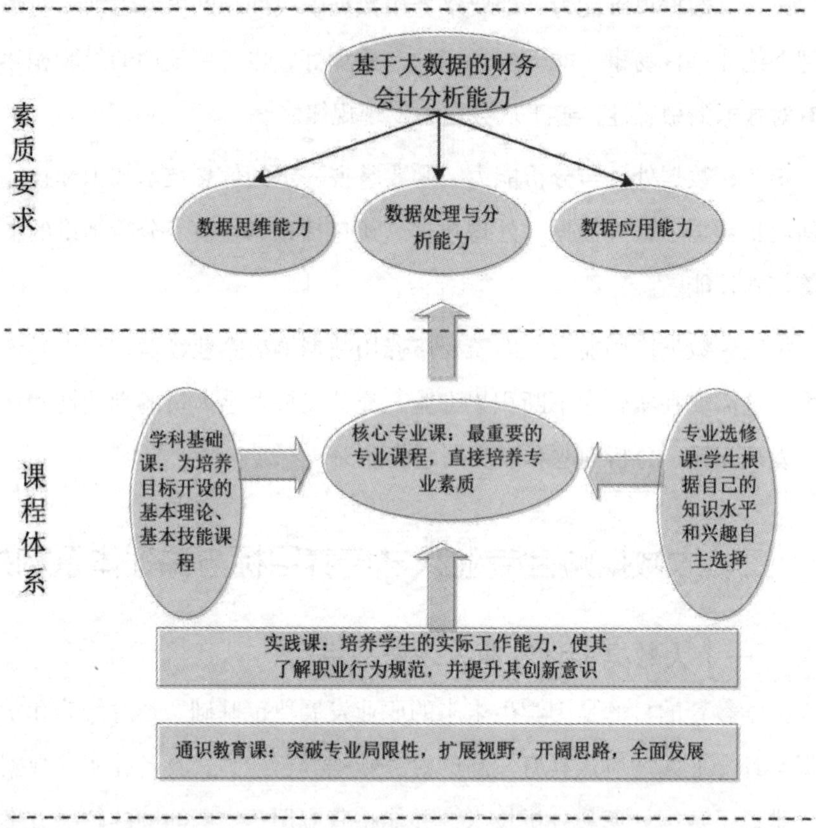

图6-1 素质要求与课程体系结构图

（1）专业核心课位于结构图的中心位置，既对整个课程体系起到提纲挈领的作用，又直接对接专业素质要求。对大数据会计专业来说，应开设《数据科学与会计信息系统》《Python 语言在财经领域的应用》《大数据技术及其应用》《财务共享与业财融合》《大数据管理会计》《大数据财务分析与可视化报告》和《大数据与财务决策》等 7 门核心课程。

（2）学科基础课是为培养目标而开设的基本理论、基本技能课程。对大数据会计专业来说，应增加高等数学、统计学、现代信息管理技术等课程，培养学生的大数据能力基础。

（3）专业选修课是学生根据自己的知识水平、兴趣爱好，以及未来职业规划自主选择，加深了解的课程，既包括更复杂的信息技术课程，如深度学习、自然语言处理等，也包括行业应用的垂直课程，如大数据审计等。

（4）专业实践课程是为了培养学生的实际工作能力，让他们了解职业行为规范，并提升其创新能力。其中毕业设计是最重要的实践环节，应将学生置身于实际业务场景，让他们用数据去解决实际业务问题。

（5）通识教育课位于结构图的最底层，但不是最不重要的课程。通识教育课以学生的全面发展为出发点，突破专业的局限性，帮助学生扩展视野、开阔思路。例如，可以在通识教育课中增加一些信息技术应用环境下的职业道德培养，如数据保密、安全等方面的课程。

（三）核心专业课程体系

在图 5–1 中，最为重要的是专业课程体系的构建。笔者设计了一套 7 门核心课程体系，具体内容如下：

（1）《数据科学与会计信息系统》。该课程在整个体系中起到了提纲挈领的作用，向学生普及大数据知识，培养学生的大数据思维。它通过大量案例和实践让学生体会“数据驱动型生产模式”，以及在这种新的生产模式下财会行业的重要作用和工作方式。

（2）《Python 语言在财经领域的应用》。Python 作为一门编程语言，越来越受人们的欢迎。在会计行业，由于语法的精确和简洁及大量的第三方工具，使它几乎成为处理错综复杂的事务的唯一可靠的选择。因此让学生熟练掌握 Python 语言对其职业生涯大有裨益。

（3）《大数据技术及其应用》。该课程的主要目的是向学生介绍和传授大数据技术的基础知识，包括云计算系统、分布式计算系统、机器学习等。其中，未来数据处理的基础设施可能都会挂在云端，因此学生需要掌握云计算技术；而随着数据越来越多，分布式计算已成为数据处理的必要手段，也成为大数据专业人才的必备技能。

（4）《财务共享与业财融合》。在大数据时代，会计业务都在企业的共享平台上完成，实现了高度业财融合。会计核算流程被掩盖在自动化的背后，但绝不是说这个过程变得不重要了。因此，这门课主要让学生掌握会计核算的内容与程序，以及与业务流程的融合，让学生掌握会计数据的产生过程和深刻内涵。当然，随着信息化程度的提高，会计核算流程肯定会进一步简化，课程内容也要相应地进行调整。

（5）《大数据管理会计》。大数据技术的发展为管理会计的功能发挥提供了全面、充足的数据支持，也为管理会计的发展奠定了良好的基础。因此这门课的内容要根据大数据思维重新进行调整，如对成本性态的分析，可以让学生收集生产车间的大量数据，然后自己建模分析，确定企业的固定成本、变动成本。

（6）《大数据财务分析与可视化报告》。该课程向学生介绍如何利用大数据技术更加科学、准确地分析企业财务情况，预测企业财务风险，编制可视化的分析报告。这是大数据财会专业人员必须掌握的基本技能，学生应该熟练掌握。

（7）《大数据与财务决策》。本课程向学生介绍如何利用大数据技术为企业财务决策提供支持，具体的财务决策内容包括投融资决策、股利分配决策、企业并购决策、资金管理决策、信用政策决策等。

在这 7 门课中，第一门是为了培养学生的数据思维能力，第二门和第三门是为了培养学生的数据处理与分析能力，而最后四门则是为了培养学生的数据应用能力。它们构成一个完整的体系，构建起大数据财会专业人才培养的核心课程。

三、大数据会计专业人才培养课程体系的配套措施

为了让本节提出的课程体系能够得以实现，为培养大数据会计专业学生发挥积极的作用，亟待解决的问题是打造合格的师资队伍，编写合格的教材，并结合现代先进的教学手段，探索更适应的教学模式。

（一）师资力量

目前参与大数据会计专业教学的教师，几乎都是传统的会计、计算机等专业的教师。他们中的大部分都没有大数据的从业经验，也无法要求他们能够马上胜任全新的大数据会计专业的教学工作。因此，迅速打造一支合格的师资队伍是当务之急，最可靠的方法是选择一些教学经验丰富，又具有一定计算机基础的教师对其进行培训，加强他们的大数据思维能力，掌握一定的大数据技术和方法，参与一些大数据分析项目，促使他们具有大数据会计专业的教学能力。

（二）教材编写

对于这个全新的课程体系，最大的挑战在于教材内容的重新编写。传统的会计专业教材，大多数是针对某个企业而编写的。例如，目前大部分财务分析教材都是对某个企业的财务报表进行分析，最多再加一些行业比较、著名案例等，这很难适应大数据分析的要求。在大数据时代，财务分析的数据来源更为全面，对数据的挖掘更加深刻，很可能会产生更加创新的分析方法，这些都需要及时总结，并编写到教材中去。

（三）教学手段

一方面，在大数据时代信息技术充分发展，教学工作应该跟上其前进的步伐，不断改进教学手段；另一方面，对于大数据会计专业人才的培养肯定要更多地利用数据技术和手段，这与传统会计专业的人才培养可能有很大不同。当然，具体教学手段的运用还需要广大教师在实践中不断总结经验，进一步完善教学模式。

21 世纪是大数据的时代。在大数据时代，数据就是新资源，这一点已经成为全社会的共识。各个行业通过与大数据技术的结合，拓展新的内涵和外延，取得了重大发展。如何培养适应大数据时代合格的会计专业人才，是我们需要现在考虑的问题。当然，这还需要进一步培养合格的师资队伍，深化课程内容，改进教学方式，完善培养模式，才能培养出适应大数据时代的新型会计专业人才。

第七节 大数据时代会计专业人才培养路径

近年来，随着互联网技术的广泛应用，并与传统行业深度融合，对社会各行各业的成长产生了广泛而深入的影响。会计工作作为管理活动的重要组成部分，不可避免地受到了重大而深刻的影响。在大数据环境下，互联网承载的思想和技术，冲撞着传统会计业务，用人单位对专业人才提出了更高的职业要求，会计人才培养面临着新的挑战和机遇。而高校作为培养创新实用型会计人才的摇篮，探索如何适应大数据环境，并充分恰当地运用互联网技术，深入推进教育改革，培养新时代下合格的会计专业人才是一项紧迫且具有重要现实意义的课题。基于此，本节就大数据时代会计专业人才培养现状进行分析，充分挖掘存在的问题，进一步提出优化人才培养模式的对策路径。

一、大数据对会计专业人才培养提出的挑战

互联网经济的繁荣迅速改变着社会公众的日常活动方式。云计算、物联网等信息科技爆发，电子商务平台化、电子发票、电子银行迅速普及，会计信息确认、核算、管理、安全已然成为重要的命题。“互联网 +”改变了企业的运作模式，会计人才培养面临着新的挑战。

（一）会计基本职能地位发生改变

核算和监督是会计的基本职能，传统会计人才培养十分注重核算技能的教育。而在依托互联网技术、云平台的大数据时代，各类会计业务的核算流程得到了十分显著的简化。目前电子发票、凭证、账簿等现代信息技术正逐步取代纯手工填制的纸质会计文档，解除了传统的频繁、重复劳动对会计人员的束缚；此外，算盘、计算器等会计信息处理工具的地位被计算机所取代，不同部门及员工可以通过计算机进行远程操作，实现数据、信息共享，提高工作效率（周蕊、吴杰，2015）。这两方面的变化，促使社会对会计人员有了更高的职业能力要求。企业对基层核算财务人员的需求量将大幅度降低，绝大部分企业都提出了“数

据收集、分析与决策能力”方面的要求。单一的会计核算人才已不再是时代的宠儿，会计从业人员的工作重心要向信息深入分析上转移。在会计专业人才培养过程中，高校不仅应注重使学生精通财务会计核算，而且应加强学生对管理会计知识的学习，推进培养模式由传统的静态财务会计向新型的动态管理会计转变，更好地发挥会计的预测、控制、决策等其他职能，更好地对接行业职业标准。

（二）会计组织形式越加开放

伴随着通信技术和软件系统的普遍应用，其高效集成的特性使得会计数据和信息的传输速度显著提高，简单重复标准化的财务工作得以集中处理。会计由独立的核算模式转向集中的财务共享模式是顺应时代发展不可逆转的趋势。各会计主体的会计信息质量及核算效率将得益于财务共享模式的统一核算而显著提高，不会再像手工会计那样受到空间的严重制约。

此外，传统会计工作随着互联网信息技术的发展日渐摆脱了地域的束缚，线下业务逐步向线上模式转变，并成为会计服务机构的主流。代理记账网络化、在线财务管理咨询、云会计与云审计等开放服务模式引领着会计工作方式的潮流；填制记账凭证、登记账簿以及编制财务报表、纳税申报与税款缴纳等日常业务都可以借助互联网远程操作处理。“互联网 +”催生了新型会计服务体系的产生，同时也促使会计工作突破时空地域的限制，不但能够为使用者提供基础财务信息，还能够依托新兴的网络技术，为分析者的相关决策及时提供更全面、动态的会计信息。

（三）会计知识传播渠道更加多元

大数据的迅速普及，使会计学习方式变得更加多元化。多数校园都已经被网络信息化技术覆盖，远程教育、教学资源库等各种技术手段被充分而灵活地运用。移动 APP 随着智能手机的普及发展迅猛，慕课、微课、社交平台等互联网络工具丰富了学生的学习方式。在课堂教学过程中，高校教育工作者除利用计算机外，还可以引入“慕课”“翻转课堂”等新型教学方法，充分运用微信、微博等手段，调动学生获取知识的积极性，通过互联网平台改变传统枯燥的教学模式，提高学生学习的协同性。大数据时代对高校在会计专业人才培养过程中，能否充分恰当利用多元化的学习方式，迅速适应时代环境提出了挑战。

二、大数据时代会计专业人才培养模式存在的问题

大数据时代各行各业在互联网技术的影响下发生着变革，企业需要具有更强综合素质的会计专业人才。目前高校在培养专业人才方面还存在着一些需要改进的地方。

（一）专业人才培养目标有待创新

人才培养目标规格必须能够适应学校转型与产业发展，满足不断变化的行业人才需求。随着大数据时代的到来，电子商务、网络等高科技使世界各国联系更加频繁紧密，企业经营活动依托于网络，会计信息实现了“人、财、物、信息”的四合一，单纯的会计核算或者基础的会计电算化培养已不能适应大数据时代的发展，企业亟须具有良好数据分析能力、辅助决策能力的高素质应用型人才。

（二）课程体系设置有待完善

目前高校开设“移动互联网”类专业的情况并不多见，在会计专业培养计划中融入互联网等相关课程的更是罕见。多数高校学生在会计领域的学习定格在电算化阶段，专业课程设置仅满足于会操作相关会计软件。而“互联网 +”与教育的融合，要求学生不仅悉知会计方面的理论与实务知识，还需要精通计算机技术。新时代企业青睐的会计人才必须能够借助网络技术和专业理论知识，在电脑上处理各类会计业务，完成相关会计工作，为企业创造出社会价值和经济效益。因此，大数据时代必须培养复合型会计专业人才，兼具会计知识和网络信息知识。此外，课程体系的设置不应仅局限于课堂教学，学校应拓展课外培养计划，如鼓励学生参加“挑战杯”赛、学科竞赛、大学生创新创业项目实践、学科学术报告等，使这些活动以学分的方式纳入课程体系。

（三）会计专业实践教学有待增强

理论知识的传授对多数文科类专业而言是必不可少的环节。然而会计这门学科相对于其他文科类学科而言实践性较强，其对学生的动手操作能力有着较高的要求；但现阶段高校在培养会计专业人才方面，重理论轻实践的情况十分严重。这种情况会使学生一开始能较为准确地认知会计理论性，但又不能具体地构建完整的知识体系；而在后期学生对于更为复杂的会计学习会感到异常吃力，甚至走向了厌学弃学的地步（梅建安，2016）。很多院校也为会计专业学生开办了模拟实训室，但在日常教学中，实训室没有被充分利用起来，使用频次甚至屈指可数，这让专业实训无法达到预期效果。另外，多数高校也鼓励会计毕业生去企业实习，并分配了一定课时，但实际操作时不能严格执行，会计实习换来了一张简易的实习鉴定表，注重表面形式，没有实质性的作用，并不能培养出符合企业发展需求的合格专业人才。

（四）会计专业教师队伍素质有待提高

高校教师队伍综合素质对人才培养质量有着举足轻重的作用。很多高校会计教师都是毕业后直接走上教学岗位，缺少企业实务操作的经验，专业实践能力明显不足。部分院校也会为教师提供与企业进行交流学习的机会，但由于受时间和空间的约束，教师无法长期进行大型培训，仅仅是不定时地进入小企业学习，教师积累实践经验的效果大打折扣。随着互联网经济的崛起，同时具备专业知识和信息技术知识的会计教师队伍，成为会计专业人才培养的必要资源。此外，高校对教师的考核重心多停留在科研方面，而对教师实践教学能力的考量则不以为意，致使绝大多数教师重科研轻教学，忽略了对学生学习兴趣的引导与激发。

三、大数据时代会计专业人才培养路径探索

针对这些问题，高校应迅速着手探索大数据时代下新型的会计专业人才培养优化路径。

（一）强化互联意识，创新会计专业人才培养目标

“云技术”的运用将使传统会计核算处理方法变得便捷，记账、报账、核账、审账等都能在网上实时完成，这对会计人员也提出了更高的要求。学校要适应大数据环境，为满足企业需求培养“产销对路”的专业人才，而其首要任务就在于确定合理的人才培养目标。因此，学校应当广泛开展社会调研，根据第一手资料分析当地会计人才的市场供需情况，进行客观的自我定位。深入了解不同用人单位对聘用者在职业资格、职位技能以及职业操守等方面的要求，并与其他同等层次或高层次的院校的培养模式进行比照，积极借鉴可取之处，同时邀请专家成立讨论组，为互联网下高校会计人才培养目标的合理确立保驾护航。在原有的人才培养计划的基础上，吸收国内外相关专业人才培养模式的精华，改革传统的人才培养目标，及时更新人才培养方案。为适应大数据时代发展需求，学校应更加注重强化学生大数据意识，对课程设置及时改进，提升学生在信息整合、数据分析等方面的能力，培养出为用人单位所青睐的人才。此外，也不能放松对学生职业道德的教育，“立德树人，素质领先”，学校要培养学生的社会责任感和人文科学素养。

（二）实施数字管理，构建科学合理的课程体系

人才培养模式的优化离不开课程体系的科学化，专业人才培养目标确立后，高校应合理地调整专业现有课程体系。开设课程应该以新时代会计发展领域以及会计结构变化为依据，课程体系的构架应结合互联网做出相应调整与转变，以期锻炼并丰富学生的互联网思维。在课程设置中，要高度关注大一、大二学生基础课程中有关数据分析部分的课时分配，可以在计算机应用方面的课程中新增检索课程，提升学生数据搜集能力。此外，还应该增设网络安全、大数据技术等相关基础理论知识课程，为学生能熟练自如地运用信息技术处理会计信息奠定基础，使学生成为具备较高信息技术素养的复合型会计人才。在专业课程设置方面，重视风险管理、成本会计、管理会计等课程的学习，提升学生会计信息分析及辅助决策能力。课程体系可以从纵向视角建立三个层次：会计学基础课程—数据分析基础课程—决策能力提升课程，其中与计算机知识密切度

较高的课程可安排相关专业教师任教。课程体系的完善需要合适的教材作为载体。在教材改革方面，学校应从全局视角就会计学科教材建设进行设计，做到各门课程有机衔接，避免相同或相似课程内容的重复开设。不仅如此，学院也可以将本校特色与当前会计市场实际情况结合起来，编写更贴切、合适的个性化教材。

（三）推进校企合作，设置实践交流新平台

专业化人才的培养与实践训练教育密不可分。会计专业教学要紧密结合实际开展，学校应加强与企业的沟通交流，通过校企联姻提高校外实践教学质量。各高校要积极主动联系新工艺、新技术的代表性企业，建立校外实训基地，为学生掌握专业岗位实务技能提供一个真实的工作场景，增强学生实践能力训练，提升毕业生的就业竞争力。除了与一些实体企业联姻外，高校还可以与一些网校企业合作，借助“云平台技术”进行在线学习，及时对学生的学习行为进行总结分析，进一步改善学习效果，不断促进完善人才培养方案。不仅如此，还应积极通过校企合作来开发会计立体化教材。教材要在传统纸质书本的基础上，依托网络信息技术平台，整合各类形式丰富的教学资源。在校企合作过程中，院校要充分了解用人单位各类会计岗位有关核心能力要求，聘请实务经验丰富的会计领域专家、企业财务经理等来指导教材的编写，通过相互交流合作共同开发出有利于提高教学质量的会计实用性教材。

（四）转变思维方式，促进师资队伍新升级

专业人才培养质量的高低，很大程度上受制于高校教师队伍的综合素质。大数据时代，兼具计算机网络技术、电子商务等知识的师资力量在会计学人才的培养过程中是不可或缺的，但现阶段精通会计知识同时具备网络技术知识的复合型教师缺口还很大。

首先，高校应在互联网知识方面加强教师培训，促进教师互联网思维的形成。在全新思维的引导下，进一步全面推进教学理论的创新变革，在传统课堂教学中融入互联网的新元素，并以社会的需求为导向，开展学生感兴趣的教学活动。

其次，高校必须定期组织教师去企业进修学习，通过“访问工程师”制度的开展落实，使教师在参与企业实践活动过程中切身感受大数据对会计实务的巨大影响。教师积累了丰富的实践经验后在传道授业过程中才能有理有据，使教学内容变得更加形象。

最后，高校还可以从外部聘请注册会计师或实践经验丰富的优秀财务经理人来为学生授课，使理论和实际能够充分地结合起来。

当今互联网的极速发展深刻影响着社会经济各领域，促进了各行业的管理模式、经营方式的革新。在大数据时代这一新的背景下，高校应努力探索出一条顺应时代潮流的人才培养路径。“互联网＋会计＋管理”是当前会计专业的显著特色，也是会计行业在未来的发展方向，高校要顺应时代的发展、企业的需求，注重人才培养模式的优化，针对在培养专业人才中存在的问题，努力探索改善路径，如创新人才培养目标、重构课程体系与教学内容、推行校企联姻、加强教师队伍培训等，对会计人才开展全面培养，构建出具有应用型特色的专业人才培养模式，以期为社会输送全能专业会计人才。

第七章　会计专业教育教学创新实践

第一节　微课视角与会计专业教学

随着 IT 的发展，微课已成为一种全面的、具有前瞻意义的教育方法，它不仅可以帮助学生深入理解和掌握相关的知识，而且还可以为他们的日常工作和职场发展带来极大的便利。因此，我们要从微课的视角出发，深入研究它的优势，以期望为会计专业的发展注入活力，从而培养出具有良好的职业道德、熟练的职业操守和丰富的职场经验的职场精英。

随着科技的飞速发展，信息化技术的普及，许多大学都开始采用这些方法来授课。其中，微课是一项非常有前景的信息化教育方法，它可以有效地解决传统教育方法的缺陷，并且能够更好地整合多样化的教育资源，激发学生的学习热情，提高他们的学习效果，从而更好地培养出优秀的会计专业人才。

一、微课在高校会计教学中的特点

“微型教学视频课程”是一种专门针对大学生的网络课程资源，它通过将传统课堂授课中的知识点精简成短视频的形式，来帮助学生更好地理解和掌握知识。特别是在高校会计教学中，“微型教学视频课程”可以帮助学生更快地掌握课程内容，并且可以通过短视频的形式进行预习、复习，从而更好地掌握知识。

（一）会计微课短而精

“微课”通常指的是简单的教育内容，它们通常只需 10~15 分钟，但却能够深入浅出地阐述某个专题的核心概念。这种方式更加灵活，能够吸引大多数大学生的关注。然而，由于大多数大学生缺乏自我激励的能力，因此，在选择微课的时候，需要考虑到他们的个人情况。

尽管微课的时长较短，但它的内容却非常精炼。它专注于会计学科的某些知识点或技能的操作，并在视频中突出重点，使用简洁的语言，并保持结构的完整性。

（二）会计微课拓展教学资源

在会计教学中，每一步都需要从简单的基础开始，逐步加深，并与其他内容紧密结合。如果一开始就没掌握所需的基础，就很难掌握后续的内容，从而使得某些同学无法完成所需的任务。然而，每位同学的理解力和学习能力都存在一定的差距，因此，采取微课的方式来辅助他们，让他们更容易掌握所需的内容，并且更加轻松地完成所需的任务，从而大大减少了课堂的耗费，也极大地提升了教学的效果。

由于课堂授课的时长和范围的局限性，老师们只能尽量地传授课本所涉及的知识，但是，为了更好地帮助学员深刻领会会计微课的精髓，老师们也应该把课本之余的其他课题纳入微课的范畴，从而更好地帮助他们更好地掌握课堂所需的信息。

（三）会计微课培养学生自主学习能力

老师利用微课来构建教学目标，并让每个部分相互联系。这样，学生就可以根据老师的指示，独立探究并理解所学的知识。这样，他们就可以更好地掌握所需的技巧，并且可以更加熟练地使用所学的东西。这样，就可以达到以学生为中心，鼓励他们积极参与，提高他们的独立学习能力的目标。

二、通过微课的方式，我们探究了如何改进会计专业的教学方法

会计专业的学习内容十分丰富，除了基本的会计理论外，还包括会计的具体应用。通过采取微课的方式，可以让学生们对会计的理论和应用产生浓厚的

兴趣，从而提高他们的会计实践能力。

（一）采用微课的方式，我们的会计专业教学课程可以满足各种需求

微课是一种针对会计专业的课程，它包含了基础知识、实践技能以及学生创作作品和实践操作的内容。

通过微课，学生可以更容易地掌握专业知识，而不是像传统的课程那样感觉抽象难懂。例如，在讲授会计要素时，可以以一家中小企业为例，制作成微课，让学生更容易地理解并掌握相关的知识。

在一对一的微课中，我们提供了一系列具有实践性的课程，让学员可以在轻松的环境中熟练地完成各项任务，比如：手动记账、编写财务报告、登记账簿。我们希望，通过这种方式，让学员更好地理解和运用所学知识，从而获得最佳的学习成绩。

在这次的微课中，我们看到了许多来自各个班级的优秀作品，这些作品不仅激发了学生的学习热情，而且还让他们有机会向别人炫耀，从而促进了全班的共识，并且培养出一种互相竞争、共进步的精神。

（二）通过微课的方式，我们可以创建一系列专为会计专业设计的微课

首先，我们需要加强对微课的理解，改变对它的看法。微课不仅可以丰富我们的教学方式，而且还可以成为我们提高教学质量的重要工具。

为了更好地实现微课的有效性，我们需要仔细研究授课者，并以此为基础，根据学习者的特征，精心构建出一套有效的教学方案，以便更好地满足他们的需求。此外，我们还需要将教学内容的关键部分、核心知识点以及技能等精心挑选出来，并将它们转化为可供大家轻松掌握的视频。

（三）采用微课的方式来提升会计专业的教学质量

通过利用微课技术，老师能够把会计课程的内容拆散，并且把它们组合成一个完整的体系，从而使得学生能够更好地理解和记忆，而且这种体系能够跨越时代和地域的界限，让他们能够更加轻松地获取所需的信息。

通过利用微课技术，老师们可以在有限的时间里，更好地传授和深入探讨会计知识，并且通过录制微课的形式，为学生提供更加全面、有趣的学习体验，从而更好地实现个性化的学习目标。

重新构思这句话：老师应该将学生作为核心，并利用“交互式”的教学策略让他们积极参与。我们的微型课堂则鼓励分组协作，让他们能够利用交换、争吵和交替角色来激发他们的学习兴趣。由于采用微课的形式，让每个分组的操作都能够按照相关的标准来完成，并且让全班的同学都能够参与到讨论中，从而激发出学生的学习热情和自觉性。

最终，教师会对学生的微课学习情况进行评估，包括对学生对微课内容的掌握程度、对新教学方法的适用性、以及对学习效果的评估，以期能够更好地推动微课教学的发展。

随着信息化的发展，微课已成为一种具有重大意义的教育形态，它不仅可以丰富传统的教育内容，而且可以通过互联网等手段，实现更加便捷、有趣、实用的传播，从而使得会计专业的教育更加贴近实际，更加有利于学习者的发展，更有利于提高教育的整体水准，从而更有利于培养出符合社会发展的实用性人才。

第二节　慕课与高校会计专业教学改革

随着科技的飞速发展，现代化的信息网络已经成为当今世界的一个必备设施，它使得我们能够轻松、快速、有效的获取和分享各种资讯，从而彻底改变着我们的生活。在如此的历史背景下面，高等院校的会计教育应该加强，以满足现代化的需求，并且在保证学习质量的前提下，实现跨媒体、跨平台的融合，以及拓宽学生的专业知识范围，从而推动现代化的财务管理水平的持续改善。通过引入最新的会计技术和理论，我们可以大幅度改善大学会计课程，从而促进大学教育质量和效果。

在当今这个快节奏、多变化、充满挑战的时代，大学正在努力推动一种全新的、更具有创造性和实践性的教育方法，以满足现代经济发展所需，其中，会计教育尤其值得关注，它不仅可以帮助大家更好地掌握财务知识，还可以帮助他们更好地应对未知的市场变化，从而更好地服务现代经济。通过引入慕课，我们能够更好地连接传统的教学和互动平台，从而大幅度提升大学财务管理的教学质量。这种模式也给大学的财务管理带来了全新的视角，有助于推动大学财务管理的变革。尽管目前这种模式的应用仍然有待进一步完善，但我们仍然期待着它的出现。

一、基于慕课模式的高校会计专业教育教学改革表现出来的优势

随着科技的飞速发展，慕课已经迅速成长为一种全球性的教育方法。通过使用先进的互联网技术，慕课可以跨越时空限制，提供丰富的学习内容，并且能够有效提升高等院校的财务管理水平。与传统的财务管理方法相比，慕课具有显著的优势：

（一）打破了传统课堂的时间空间限制

随着科技的发展，慕课模式的出现，改变了传统的课堂形态，它不仅能够消除时间和地域的局限，而且还能够让老师更好地满足学员的学习需求。利用互联网的优势，老师们能够把精彩的内容录像，并在慕课学习平台发布，让学员们能够更加轻松地掌握所学的内容，从而更好地满足他们的学习需求，同时也能够减少老师在一定程度上的重复讲解。

（二）拥有大量的教学资源，能够实时地更新会计行业的知识

随着科技的发展，慕课教育模式已成功地应用到课堂教学中，它能够让教学更加便捷、高效，并且能够从诸多的教学教育资源中挑选出最合适的课程，这样不仅能够满足教学的需求，还能够让教学更加自主，更好地掌握知识。尤其是会计行业，教学更加容易掌握，因此，掌握这一模式能够让教学更加轻松、高效，从而更好地满足教学的目标。通过使用慕课，老师能够整合和分析有用的资料，帮助学生获取准确的知识。此外，慕课还能够及时跟踪和反馈有关会计的最新动态，让学生能够了解最先进的会计技术。

（三）以学生的主体

随着慕课教学模式的普及，传统的课堂教学方式已经不再适用。慕课教学模式允许学生在课堂上独立思考，并且有更多的讨论机会来解决他们遇到的问题。这样，学生就能够在课堂上更加主动，更有效地掌握知识，并且更容易产生学习兴趣。

（四）通过引入网络视频名师授课，可以有效地缓解由于师资力量不足而造成的障碍

通过慕课模式，高校会计学校可以利用名师视频授课的方式，让学生更加深入地了解行业的发展趋势，更好地掌握重要的知识点，从而有效地弥补会计院校师资团队的不足，并且可以通过资源共享等方式，为学生提供更加优质的教学内容。

二、在慕课教学模式下，高校会计教学改革的应用探索

慕课教学模式在现在的高校会计教育中的应用不断发展，实践证明慕课教学模式相比传统的教学模式存在很多优势，现在对于慕课教学模式在高校会计改革中的应用进行思考探究。

（一）慕课模式下的高校会计教学过程改革

随着慕课的普及，高校的财务管理教育发生了巨大的改革，将原本的授课功能转移到慕课平台，让学员可以从学习中心轻松获得所需的信息，包括老师提供的精彩视频、权威专家的授课以及其他各种形式的互动活动，让学员可以更加轻松地掌握财务管理的基础理论。为了让学生更好地掌握会计课程的内容，教师应该事先把重点内容发布到慕课网站，让学生们能够先做好充分的准备，并且能够根据所掌握的信息来更好地理解所需的内容。如果发现问题，也应该及时向老师请教，并且积极地参与讨论。使用慕课平台，您不仅可以和老师直接沟通，还可以收集和整合来自同伴的反馈。这个平台拥有丰富的会计专业资源，并采用了慕课的授课模式，帮助您更好地掌握所需的技巧。此外，这个平台还为您的学习和工作带来了便利，让您随时随地掌握财务和管理的实际技巧。

通过在慕课中接受大量的实际会计实践，可以帮助会计学生提高自己的专业技能。

（二）在慕课教学模式下的高校会计教学手段改革

随着慕课的普及，翻转课堂教学的概念也随之而来，它极大地拓展了会计专业的学习范围，并且提升了学习者的读书效率。它不仅能够消除学习者的学习压力，而且能够让学习者更加自主，更加主动，更加深入的理解，掌握和运用所学的知识，满足学人的需求，更好的实践和提升学习效果，实现学习者的目标。通过采用翻转课堂教学方式，我们能够让学员从被动的角色变为积极的角色，从而提高教学的有效性和质量。这种教学模式的优势在于，我们可以让每个学生有机会通过自我反省和交流，从而更好地掌握和运用所学的知识，并且能够帮助他们更好地理解和掌握新的概念和方法。通过这种方式，我们能够让每个学生更加积极地参与和发挥，从而提高他们的学习兴趣和积极性，并且增强他们的自我认可和责任意识。通过采用翻转教学的方式，我们能够更好地激发学生的学习激情，并让他们成为老师和课程的核心，从而让他们在教学上更加积极参与，并且维护他们的权益。

（三）在慕课模式下的高校会计教学中对于学生的评价机制改革

随着现代大学财务管理体系的变化，在当今大学财务管理领域，仍然存在一个重大挑战：如何有效地衡量一个大学财务管理专业毕业生在未来能够取得多大成功。在现有的财务管理体系下，期末考核作为一种重要指标，但它并未能够有效地反映出一个人在财务管理方面取得多大成功，从而使得财务管理专业毕业后，很难真正掌握财务管理技能。在慕课的教学中，我们采用了一种新的评估方法，它能够根据学生的参与次数和表现来衡量他们的表现。这种方法不仅能够让我们更好地了解他们的学习情况，还能够帮助我们更好地理解他们的思维方式和能力。这种方法既能够让我们更加客观地看待每个人，也能够更好地促进他们的学习热情。

随着时代的变迁，慕课在大多数大学的会计教育领域得到了广泛的应用，这标志着一次彻底的变革，它打破了以往的传授方法，让更多的学习者能够在课堂上获得更多的知识，并且更加关注他们的个性化，服务于当今的经济环境，满足企业的需求，推动大学的会计教育的发展，服务企业的未来。

第三节　技能竞赛与会计专业教学改革

近年来，专业技能赛事的普遍参与使得专业技能赛事的重视度不断攀升，它不仅可以推进专业技能赛事的普遍性，而且可以推进专业技能赛事的创新性，推进“以赛促训、以赛促学、以赛促教”的落地，推进专业技能赛事的有效运用，推进专业技能赛事与会计的融合，推进专业技能赛事与会计的有机配合，推进专业技能赛事与“以赛促训、以赛促学、以赛促教”的有机配合，推进专业技能赛事与会计的有机配合，推进专业技能赛事与“以赛促训、以赛促学、以赛促教”的有机配合。

2014年《国务院办公厅有关发展现代职业教育工作的决议》（国发〔2014〕19号）特别提出“发展新型职业技能竞赛”，以提高人才品质，推动模式革新。为此，“校校有赛事，层层有评选，国家有赛事”的新型职业教学技能比赛也随之展开，并取得良好的发展。随着时代的进步，的技能比赛不仅是一个有效的考核和评估优秀毕业生的机制，而且还在不断地拓宽和完善，以满足社会对于更加全面、精准的财务管理的需求。其功效主要体现在以下几个方面：

一、通过举办会计技能竞赛，我们不仅改变了高校的会计教学理念，还优化了人才培养方案，使得职业教育更加符合社会的需求

参加会计技能竞赛的参与者可以通过深入探究企业的关键技能、最新的行业发展趋势以及与之相关的各种实践活动，以及与时俱进的实践操作，更好地把握企业发展的脉搏，这也反映了当今企业在培养高素质的财务管理者方面的迫切需求，以及企业在发展过程中所面临的挑战。在过去几年中，许多高等院校的财务专业的竞争性活动，主题涵盖了当下的就业领域。这些竞争性活动的主题主要关注于如何提升参赛者的专业知识水平，并且这些竞争性活动的主题

也受到“以赛促训、以赛促学、以赛促教”的影响。因此，为了满足当今社会的不断变化的需求，我们必须不断改进教育思想，并结合“零距离”的原则，不断探索适应当下社会的有效的人才培养模式。

二、会计技能竞赛引领了会计专业课程建设和教学方法的改革，突出了职业能力的培养

通过举办职业技能竞赛，我们可以深入探究会计教学的发展趋势，并结合竞赛项目的特点、考核标准等，制定出更加符合职业能力培养的课程体系和标准，以促进会计实践教学的改革。

我们的会计专业的教育目标是提高学生的就业竞争力，因此我们将采取一种新的方法来完善我们的教育体系。这种方法将包括：通用的教育和职业基础教育、职业核心教育、实践教育和职业发展教育。

为了更好地培养和提升职业能力，我们应该制定并完善一套科学合理的职业教育课程标准，将岗位任务细化、分解，并将实践技能与专业课程紧密结合，以确保专业课程的质量。通过将企业的实践经验融入到课堂教学中，使得学生能够更好地理解和掌握知识，并能够将其应用到实际工作中，从而达到真正的教学改革目标。

三、会计技能竞赛促使了师资队伍综合素质的提升，并促进了院校教师的交流学习

（一）提升了师资队伍的教学水平与综合素质

参加技能竞赛的不仅仅是参与者，更重要的是参与者的老师，他们的指导和帮助对于获胜至关重要。英国知名的工程教育专家齐斯霍姆教授提到，唯有拥有外科医生职业资质的老师，才能够为参与者提供最佳的实践环境，从而让他们掌握最先进的知识，并最终获胜。为了满足各类行业的发展需求，我们必须采取措施来提升员工的专业水平。这就是为什么我们必须聘请拥有丰富的工厂实战经历的专家来指导我们的课程。通过参加专业技能比赛，我们可以更好地了解并掌握各种专业知识，并且可以更好地适应日新月异的市场变化。为了

培养出一支具有丰富的专业经验、熟练掌握各项技术的高级人员，以及一支具有良好的教学精神的团队，我们需要持续改进我们的课堂内容，让它们符合当今社会的发展趋势。

（二）促进了院校教师的交流学习

参加各种技术竞赛既是一种表现自身技术的机会，又是一种分享知识和实践的渠道。参赛者们既有机会向观众展现自己的实际操作，又有机会向老师们分享自己的实战经历，并获得宝贵的知识和宝贵的反馈。此外，参赛者们还有机会参加赛前的培训课堂，获得有益的知识和技术，并参与课堂讨论，进一步拓宽思路，丰富自己的知识面，探索未来的发展趋势。这不仅为老师的学术和工作带来了更多的收获。

四、通过举办会计技能竞赛，我们不仅改善了校企实训基地的硬件条件，而且促进了教学软件的更新和升级

（一）参加职业技能竞赛有助于提升实训基地的硬件设施和条件

在技能比赛的过程中，实习基地扮演着至关重要的角色。如果缺乏必需的设施和资源，参加比赛的人们就会感到毫无意义，甚至不可想象会获胜。因此，建立良好的实习环境对于培养学生的实际操作、创造性思维和就业竞争等方面都至关重要。为了使技能比赛取得最佳效果，我们必须将比赛场馆的建造与培养基础相联系。这样，我们才能在培养基础上举行比赛。为了满足比赛的需求，我们还应该扩展培养场馆的面积，添置培养场所的设施，并且不断改进培养场所的环境。

（二）职业技能竞赛带动了教学软件的同步升级

积极引进具有丰富案例库的财会实训教学平台等软件，赛、训、教结合，是迅速提升学生职业能力和实践能力的有效手段。通过参加近几年的会计职业技能竞赛，我们确实领略和见识了诸如用友 ERP 财务软件和网中网会计实训教学软件及其竞赛平台的强大。“工欲善其事，必先利其器”，高校在财力允许的条件下，应该为会计专业逐步配齐这类较为成熟的实训软件。如此，

既能满足日常实训教学，又可以作为参加省赛国赛等技能竞赛的集训基地，在会计实验室里就把职业技能竞赛常态化，可激励和引导学生迅速提升职业能力水平。

为了推动我国会计专业职业教育的持续发展，深入推进会计专业教学改革已成为当务之急，因此，我们必须持续探索、实践，以找到一条有效的优化之路。

第四节 社会需求与高校会计专业教学改革

随着时代的进步，大学的财务课程正在逐渐被用来培训具备现代化财务技术的毕业生。然而，由于市场的国际竞争日益剧烈，企业对高质量的财务人才的需求日益增长，传统的财务管理方式无法适应当前的市场。随着时代的发展，社会的变化和发展趋势，使得高等院校的会计教育面临着更大的挑战。因此，我们必须紧密结合当前的实际情况，加强对会计教学的指导，使其能够更好地满足社会的发展和需求，避免出现资源的浪费。

会计行业对于社会经济环境依赖性强，高校会计专业教育教学工作也应该以市场为导向，结合对于社会需求的把握进行高校会计人才的培养。会计人才能否被经济市场以及企业所接受，是检验高校会计教育成果的重要标志。社会需求下的高校会计专业教学有更加明确的发展方向，在进行改革时能够更有针对性地进行教育教学，避免由于会计教育工作闭门造车，与社会需求相悖发展，造成高校会计人才不被市场接受问题的出现。

一、当前基本会计岗位的人才需求情况探究

经过调查，我们发现，当前高校会计课程培养出来的专业财务人员大多为基础会计工作业务，在中小型企业中占有比重。会计学行业与社会国民经济蓬勃发展密不可分，在实践中，我们面临的挑战愈来愈大，而会计学技术的应用可以为我们带来准确的数据支持，进而带动我们的细致管理工作，推进经济社会的蓬勃发展，同时也为职业本身的蓬勃发展带来了更可信的保证。由于经济

社会的蓬勃发展，会计学行业变得愈来愈复杂，因此，我们在招募会计人才时，必须特别关注他们的专业知识、工作经验和拥有的会计学行业相关资格证书，以确保他们能够满足当今经济社会蓬勃发展的需求。伴随企业经营的发展，会计业务的价值日渐凸现，但也带来了更多的挑战。因此，会计人才的专业技能和职业道德素养都必须得到极大的提升。此外，会计学经理还需要掌握良好的沟通技巧，以满足公司内部各部门的信息需求，并且还要求他们具备敏锐的社会经济变化感知能力和不断学习的精神。会计学经理的作用不容忽视，因此，他们必须具备良好的管理技能。

二、当下高校会计专业教学情况

我国的高校会计教育在简单核算方面的培养水平不断提高，但是高校会计教学的改革必须迎合社会需求，要进行改革工作，首先要清楚地认识现在存在的工作问题。

（一）对于高校会计学生职业道德建设工作需重视

近年来，由于国民经济和社会的发展，我们越来越关注自己的职业素养。然而，在这种背景下，许多人忽略了在高等院校进行的关键的职业道德培养。在这种情况下，我们必须认真考虑如何提升我们的雇员的职业素养，并为他们的未来做好准备。同时，我们也要认真考虑如何通过培育雇员的职业责任心和职业使命感来推动公司的可继续健康发展，并为他们的未来负责。为了确保未来的财务管理遵守相关的法律和政策，达到财务管理的标准和流程的统一，我们必须加强监管。

（二）对于会计人才职业判断能力培养不能忽视

随着时代的变迁，传统的应试教育已无法满足现代企业的日益增加的对专业技术和知识的高度要求，这使得许多会计从业者在做出正确的选择时受到限制，从而影响到他们在管理财务分析、财务报表编制工作等领域的表现。因此，现在的企业更加重视培养具有良好的管理财务分析和财务报表编制工作的专家，以提高其会计管理能力。随着科技的发展，越来越多的企业开始采用先进的技术和方法来实施自动化的管控，以提高企业的效率和竞争优势。因此，在未来，大学应该加强对企业员工的专业技术素质和综合素质的培养，以及企业员工的创新思维、实践技巧和创造性思维的训练，以确保企业未来的发展和繁荣。

（三）学生实操能力提升困难，实践教学不能止于形式

随着时代的发展，高校会计教育的理论知识的传授和单向发展已经不足以满足当今会计学生的实践需求，因此，在会计技能大赛中，我们可以看到，高校会计教育在培养学生的应用能力方面存在着明显的缺失。随着社会发展的加快，高校会计教育正在转变，以实训为主，加强学生的实操能力，但是，由于实训基地的建设和使用缺乏科学性，使得会计实训的效果受到了影响。为此，高校会计教育领域正在探索创新的校企共育教学方式，以期在理论上解决目前存在的问题，但是，由于企业与学校之间利益分歧，以及企业参与热情不足，使得在高校会计教育中，实操能力的培养变得更加困难，从而影响了学生的实践能力的提升。许多活动只是表面上的，并未达到预期的效果。

（四）课程设置要科学

当前，高校会计教育的课程安排存在着一定的缺陷，会计专业课程过多，导致许多知识重复，而且这些课程与公共基础课程的比例也不够均衡，从而无法满足当今社会对于具备全面素质的会计人才的需求。现在的高校会计教育存在着许多不合理的课程设置，这些课程往往过于先进，难以让学生理解。如果没有足够的实践性课程，会计人才的实际工作能力就会受到限制，在未来的职场竞争中，拥有良好的实操能力可以为他们赢得优势。由于缺乏专业知识和技能，大学会计人才的能力受到了严重的限制。这方面需要高校及时调整课程安排。

（五）学生考核评价机制不健全、不合理

现在对于高校会计学生的考核评价还是以期末考试成绩作为主要依据，扭曲了学生进行会计学习的目的，为了应付考试而进行死记硬背式的学习，对于专业能力提升没有促进作用。高校会计教育单纯依据期末考试成绩作为评价标

准，导致高校会计学生在解决方法上对于准确答案的盲目追求，不符合实际会计工作中灵活的思路要求，需要及时调整。采用单一的成绩来衡量学生的表现，会抑制他们的学习积极性，从而阻碍高校会计教育的持续发展。

三、从社会需求出发的教学改革策略

基于社会需求的高校会计专业教学改革，应该根据实际工作中所存在的问题，进行有针对性的改革，高校会计为社会培养会计人才，高校会计教学在针对会计教学中存在的问题进行改革发展时，也要重视高校会计教学工作对现在基本会计岗位人才需求达到迎合，保证高校会计院校培养出来的人才符合市场、企业经营对于会计人才的要求。

（一）基于社会需求进行高校会计人才培养目标定位

高校会计人才培养旨在满足社会对会计专业人才的日益增长的需求，以及在经济市场环境下更加灵活地适应新形势。因此，高校会计教育应当积极开展与市场的深度交流，以确保培养目标的准确性，并且能够有效地满足市场发展的需求。

（二）在高校会计教学中将会计职业道德建设融入校园生活始终

随着现代企业的不断提升，对会计人员的职业道德标准越来越严格，因此，加强会计专业的素质和能力，提升其专业技能，提升其专业素质，成为当今企业竞争力的关键。因此，大力推进高等院校的会计专业，加强学生的专业素质，提升其专业技能，提升其专业素质，将成为未来会计行业的核心竞争力，同时，还能够满足市场的需求，提升其专业素质，促进其专业技能的提升，实现其专业性、规范性、精细化的管理工作，实现其专业性和创新化的目标。通过不知不觉地努力，帮助学生提升自身的职业道德观念。

（三）寻求有效机会，进行实践教学，开展技能比赛

在当今这个市场化的时代，高校教育应该将理论和实践紧密结合起来，以便让学生在未来的职场中取得成功。尽管现在已经开始采用校企共育的教学模

式，但是为了达到预期的效果，我们仍需要充分利用学生参与会计工作的实践机会。通过举办各种会计技能比赛和实践活动，我们不仅可以帮助学生在企业中提升实际操作能力，还可以提升他们的创新思维和实践能力。

（四）优化高校会计课程设置

在当今的大学里，采用先进的科技手段和创新的思维模式，可有效地改善大学的财务管理水平，从而极大地提升财务管理的质量。为此，我们建议在大学的财务管理中，将财务管理的核心知识和实践技术结合起来，同时加强财务管理的实践性，使其具备良好的财务管理和实践技巧，从而有助于企业在竞争激烈的财务环境中取得优势。

（五）重视对教学手段的升级，重视综合能力培养以及素质培养

在大学的财务课程体系中，我们应当加入一定的跨领域的内容，让课程内容涵盖多个领域。我们要根据当前的市场需求，推动财务课程的变化，并且注重提升学生的实践技巧和创新精神。我们要把管理、经济和财务等多个领域的知识结合起来，让大家在课堂上有机会去探索和实践，从而提升大家的财务水平。重新定义大学的财务管理课程。

（六）建立健全对高校会计学生考核的评价机制

完善学生的考核机制，单纯依靠期末考试成绩进行学生学习的评价考核，不能很好地激发学生对于会计的学习兴趣，高校会计教学中对于学习积极性的引导是关键，应该结合学生的日常表现以及在会计技能比赛中的参与与表现情况进行综合分析，对学生进行公正的考核评价，激发学生的学习热情。

（七）重视高校会计学生对于会计专业资格证书的获取

现在社会在会计人才选拔上，对于学历以及会计职业资格证有一定要求，高校会计教育教学工作要重视这一要求，在高校会计教育中对学生进行积极引导，实行课证融合教学模式，以强制手段满足学生在会计资格证书方面的获取需求。帮助高校会计人才在将来的会计职业竞争中取得较大的岗位竞争优势。

随着社会的发展，高校会计教育的重要性日益凸显。为了满足社会对会计

人才的需求，提高就业率，我们必须重新审视教育模式，摒弃传统的思维定式，采用课证融合、校企共育的先进教学模式，让学生在实践中掌握知识，从而更好地服务于社会，推动高校会计专业的发展。

第五节　成果导向与高校会计专业教学改革

采取“成果导向”的教学方法，旨在培养具备创新思维和实践技巧的学习者，并让他们在实践过程中不断提升自身的素质，从而更好地实现自身的潜力。因此，我们建议在高等院校采取该方法来推行会计专业的课程改革，从而更好地帮助学习者实现自身的潜力。

采取以实践为核心的教学方法，结合现代科技手段，充分发挥学习者的潜力，让他们参与课堂讨论，激发他们的创新精神，培养他们的创新思维，让他们的实践技能达到更好的水平，这样才有助于推动高校会计专业的发展。在当今这种追求卓越的时代，在高等院校的财务管理领域，推进财务管理的创新和发展已经变得越来越重要。因此，在这种情况下，我们应该加强对财务管理的研究和深化，并在此过程中不断完善和优化财务管理的体系，使之更加科学、系统、完善。

一、成果导向教育的概念与应用原则

大学里，我们致力于为会计专业的学生提供最优质的课堂，并帮助他们从课堂外获益。我们采用了一种名为成果导向的教学方法，旨在帮助他们从课堂外收集专业知识和技能，并将这些专业知识和技能充分运用到工作和管理当中。应该说，学习成果既包括学生在课堂上的学习，又包括他们把基础知识转变为具体实践的应用能力，以及他们把基础知识转变为实际操作技巧，从而使他们的专业更加深入、全面。为了让学生获得最佳的学习效果，我们应该将课堂上的经验和日常的经验结合起来，让他们不仅了解基本的认识，还具有初步的应用能力。采取成就主义的教学方式，不仅有利于提升孩子的专业能力，而且还有利于培育他们的创新性思想和创新能力。

在高校会计专业教学中，成果导向教学模式的应用必须牢记三个基本原则：清晰定位、创造机会、激发期望。清晰定位意味着，会计专业教师需要把重点放在学生可以获得的最终成果上，并给予指导，帮助他们将学习目标转化为实际的成果。重点关注学习成果是在高校会计专业教学中应用的重要原则之一，这可以帮助教师更准确地预测学生的学习结果，并为教学评估提供有效的依据。通过这种方式，我们可以让会计专业的教学活动更加协调和顺利进行。重新组织这句话可以这样写：通过精心设计的课程，我们可以充分展示学生的学习成果，让老师和学生都能够更好地享受课堂，缩小师生之间的距离。为了提高教学质量，我们应该让会计专业的老师意识到学生之间的差异，并为他们提供充足的教学资源，以便他们能够真正获得学习成果。大学的财务管理课程应该根据每位学生的不同特点和能力进行定制，并且确保每位学生都能获得相应的培训。另外，我们还应该为每位学生提供良好的表现舞台，鼓励他们把他们的优秀表现拿出来，增强他们的自信，从而实现他们的学术梦想。增加期望意味着，作为一名会计专业的老师，我们需要更加关注并帮助学生实现他们的梦想，并且要给予他们适当的激励和帮助。我们还需要不断改进我们的工作方式，使我们能够更好地帮助他们实现他们的理想。

二、基于成果导向的高校会计专业教学改革对策

第一，为了让成果导向教学模式在高校会计专业课堂上得到充分的应用，我们必须从课程内容出发，结合实际情况，制定科学的成果目标，并且重视培养学生的实践能力，让他们能够更好地运用会计软件，拥有良好的会计信息管理和经济业务分析技能。作为一名会计专业的教师，我们需要帮助学生制定明确的目标，让他们清楚地了解自己的学习成果，并且能够有效地安排和分配学习时间，激发他们的求知欲，最终实现他们的目标。

第二，会计专业教师应该积极调整课程内容和学习方式，以便更好地帮助学生实现他们的目标。特别是，通过课堂实践，教师可以更好地与学生沟通，

并且可以为他们制定更有效的成果目标。因此，会计专业教师应该不断改进课程内容和学习方式，以便更好地帮助学生实现他们的目标。

第三，为了更好地培养学生掌握会计专业知识，增强他们的实践操作和综合素质，我们需要采取有效措施，如引导学习实践、实践性评估、实践性考核等。此外，我们还要积极推行体验式教学，通过团队协同，将知识融入实际，帮助学员更好地掌握实际操作，从而更好地充分发挥自身优势，为社会发展做出奉献。通过加强业务流程和组织协调，来增强公司的竞争资源优势。

采取“成果导向”的教学方法，能够显著增强学习者的自我实现能力，克服传统的课堂授课方法的局限性，进一步提升课堂的实践性和创新性。因此，为了充分利用这种方法，我们建议高校的财务管理系和金融系的老师们要积极探索和实践，充分利用这种方法，努力推动财务管理系和金融系的创新性和实践性，为培养出能够满足社会实际要求的复合型人才奠定坚实的基础。通过采取以结果为中心的教学方法，我们可以尽可能地提高效率。

第六节　任务驱动教学与会计专业教学改革

任务驱动教学法是一个革命性的教学方法，它能够有助于学习者良好地理解和运用所学的会计理论和实践技巧，并且能够有助于他们良好地发展自己的创造性思维和实践技巧，从而良好地满足社会对于财务管理人才的日益增长的需求。在这一部分中，我们将深入探讨任务驱动教学法，并讨论它在教学中的优势。我们还将提出一些建议，希望能够为大学财务管理教学提供借鉴。

为了更有效地运用任务驱动教学法，我们必须充分了解它的优势、独到的优势以及具体的操作流程，并结合学校和学习者的具体状态，制定出最佳的教学方案。

一、任务驱动教学法概述

（一）任务驱动教学法的定义

教学法“责任驱使”旨在促使学习者良好地掌握和了解知识点，老师就可利用这种教学方式，设定一些教学活动目标，并要求学习者自主思考、解决疑难，以及将所学理论付诸实际，以做到学以致用。授课后，老师即可评估学生学习效果，并将学习经验归纳整理，以便最好地指导学生学以致用。任务驱动教学法与传统的教学方式有着显著的区别，它强调提高学生的主动性能力，激励学生主动研究，激发学习的主动性，让他们有机会发现自己的学习潜力，从而提高教学的有效率。课堂教学中，老师应该把重点放在学生的自主能力，让他们有机会发现自己的学习潜力，从而提升学业的质量，提高学业的有意义度。由于采用任务驱动教学法，老师能够让他们根据共同完成学习任务来发现问题，从而改善所学方法。这种教学方法不仅能够让他们更进一步地理解知识，还能够让他们更加乐意去尝试，从而激发他们的求学兴趣，并且能够促使他们更多地发挥他们的潜能。

（二）任务驱动教学法的特点

在该种教学模式下，教学活动不再局限于老师的指挥，学习者可以自己探索和自主学习。相反，过程更加注重学生的学习过程，目标和学生的学习效果将会更为明显。“以学定教”的《任务驱动教学法》将让学习者真正掌握知识，并且让他们发挥自己的潜力。老师将担当指导员的职位，帮助他们认识并解决问题。这种方法旨在让“以学定教”的《学习计划》得到有效的实施，并且让每一个学生都有机会参与到其中。采用任务驱动教学法可以帮助学生培养出良好的学习习惯，并且可以激发他们的创造性和思维，以便良好地理解和掌握知识，并能较好地顺利完成学习任务。此外，学生遇到难以独立解决的问题还可以和同学进行沟通交流，通过合作来解决问题，学生的合作能力也可以得到大大提高。

（三）任务驱动教学法的基本步骤

采取任务驱动的教学方式可以大大提高课堂效率。第一，利用现场环境和活跃的气氛，营造一个充满活力的、富有挑战性的课堂氛围，使学生能够全身心地参与课堂，从而激发他们的兴趣，并且能够深刻理解所涉及的内容。第二，确定与情境密切相关的学习问题。老师通过构建有趣的课堂环境，为学员提供有助于理解所需知识的挑战性练习，帮助他们更加深刻地理解所面临的挑战，从而更有效地掌握所需的技能。第三，在建构出有效的环境与任务之后，我们便可以让学员们展开一场深入的探索，以便他们能够更加清晰地理解、掌握知识。在此期间，老师应该给予他们一些有效的引导，帮助他们找到正确的答案。通过采取任务驱动的教学模式，让学员按照老师的要求，深入探究，积极参与，不仅有助于他们更好地理解知识，而且还有助于他们更有效地实现目标。第四，通过实时的反馈，老师不仅要检验学生的学习行为，还要检验他们的自我发现、创新性思维、协同配合等，从而更好地激发他们的潜能，最终实现最佳的学习效果。教师通过实施任务驱动教学法，并进行了深入的评估，以便更好地指导学生。

二、利用任务驱动教学法进行教学的好处

（一）能够有效培养学生的创新能力

采取新的教学模式，如互动式的课堂，可以让学生更加主动地参与到课堂中来，而不仅仅局限于老师的讲解和指导。这样，不仅可以激发学生的学习欲望，而且可以让他们更加轻松愉快地掌握课程内容，从而提高他们的效率。采取任务驱动教学法来指导大学财务管理课，可以给学生提供一种完全不同的学习体验，使他们可以以一种更加逼真的方式来探索、分析、应用，从而更好地学习财务管理的相关理念，从而达到更好的学习成绩。通过使用这一教育模式，学生不仅可以深入探索，而且可以获取更多的知识，从而更好地理解和应用所面临的挑战，并且可以大大增强他们的创造性。

（二）能够有效培养学生的就业能力

有一些大学的财务系的学员开始都难以适应各种职场需求，并且无法充分利用所掌握的财务技巧来完成日常的财务管理。由于这一原因，许多大学财务系的毕业生的职场竞力较低。通过采取任务驱动教学法，我们能够给他们创造一种逼真的环境，使他们有机会参与到具体的各项任务当中，并且有机会将学到的技术应用到日常的工作当中，这样不仅有助于他们提升学术水平，也有助于他们更加有效地完成职场各项任务，最终提升他们的就业竞争力。

（三）能够提高学生学习的积极性

学习会计学的学生通常面临着学习过程中的挑战，他们不得不花费时间去掌握复杂的理论知识，并且经常面临着繁重的实践任务。然而，采取任务驱动教学法可以让学生更有动力去学习，并且可以更好地发挥他们的潜力。这种教学方法不仅可以提升学生的学习兴趣，还可以让他们更好地发挥自己的潜力。通过激励，让学生们有机会去探索、实践、创新，从而更好地顺利完成教师留给他们的课程，这样才有助于引发他们的兴趣，激励他们更加努力地去实现。

三、基于任务驱动教学法的高校会计专业教学改革探索

（一）加强相关设施、软件的建设力度

采取任务驱动教学法是一种非常重要的教学方法，它可以帮助学生更好地理解课程内容，并通过模拟现场环境来提升学习能力。因此，学院应该采取一些措施来支持这种教学方法，比如建立一个可以让学生参加各种活动的学习环境，以便让他们能够更好地完成学习任务。为了让学生获得最佳的学习体验，学院应该投入更多的精力去改进现有的教学模式，并且采取一系列的措施，以便让学生有机会接触真正的财务管理知识。其中，任务驱动教学法是一种重要的方法，它可以帮助学生创造出一个真实的财务管理环境，并且可以通过使用一系列的软件、平台，不断改进，以便让学生有机会接受最佳的财务管理培养。

（二）提高教师的教学水平

为了更好地实施任务驱动教学法，我们必须加强对教师的培训，以便他们能够更有效地提出与学习内容相关的问题和任务，从而使任务驱动教学法能够更好地在高校会计专业得到应用。为了提升教学质量，高校应该加强对教师的培训，使他们掌握任务驱动教学法的核心要素，并能够熟练运用这种方法。这样，他们才能在实际教学中发挥出最佳的效果。

（三）加大对学生们团队合作能力的培养力度

通过任务驱动教学法，我们希望学生更好地掌握如何协调和配合各个部门的任务。为了达成这个目标，教师应该给学生安排各种任务，使他们能够更好地完成任务，并且学习如何与其他部门协调配合。这样，学生就能够更好地应付日常的工作挑战，更快地完成任务。

通过采用任务驱动教学法，我们可以大幅提升学生的创新能力、就业能力和自主学习能力。此外，这种教学方法还能提高教学效率和教学质量。为了确保这种教学方法能够在高校会计教学中得到充分应用，我们需要加强对教学设施和软件的投入，并不断提升教师的教学能力。

第七节　工学结合与会计专业教学改革

会计专业的教学旨在培养具备较高专业技能和素质的会计人才，采用工学相结合的模式，可以大大提升教学质量，让学生在实践中掌握更多的知识，同时也可以更好地理解会计操作的各个步骤。本节讨论了工学结合对会计专业的重要性，并探讨了目前这种模式下的教学挑战。我们还提出了一些可行的解决方案。

随着现代化的不断推进，会计这一具有深厚技术底蕴与丰富实战能力的学科，其地位日益突出。然而，由于过去的教学方式缺乏创新，使得许多人难以掌握现代化的会计知识，因此，改善现有的课程体系，加大培养人才的力度，使得更多的人能够掌握现代化的会计技能，成为当今教育界的一个热门话题。

一、会计专业实行工学结合的意义

通过引入工程技术，我们可以让学生们更好地掌握基本的技术，并且可以通过实验来提高他们的技术水平。这种方法既可以让他们更好地掌握基本的技术，又可以让他们更好地运用所学的技术来解决问题。这种方法的一个重要优势是，它可以让我们的师生们更好地融入到社会，并且可以让他们的技术水平得到提升。采用将工科与商科相融合的教育方法，可以让学生既掌握专业的基本概念，又可以从实践活动中增强他们的理论素养，从而培养他们的创新思维和创造性思维，并且可以让他们有机会参与到各类项目的制定和执行之中，从而为他们未来的职场发展打下扎实的根基。采取工学结合模式，不仅有助于培养学生良好的专业技术知识，而且还有助于建立良好的职业规划意识，从而有助于他们走上一条成功就业的道路。此外，将此种方法运用于实践性会计课堂，将有助于极大地改善教育质量。

二、在工学与理论相结合的模式下，会计专业的教学面临着诸多挑战

（一）对实践的重视程度不够

目前，大多数的会计专业课程都侧重于教授基本的理论，而忽略了培养学生的创新能力、自主能力乃至解决的能力。此外，许多学校也缺乏让学生参与到实际工作当中的机制，导致他们无法利用所学的知识来解决。因此，我们需要加强对学生的实际能力培养，让他们能够从多种角度来探究财务的真谛，从而进一步提高他们的财务素养，为未来的财务打下扎实的根基。除此之外，由于会计课程具备很高的实际应用价值，因此，若要深入掌握这门课程，就必须通过大量的实际操作，以便全面把握其中的核心概念，并能够深刻地领悟其中的细微差别。

（二）学生学习自主性较差

因为长期以来，学生们的阅读愿望和自主性都相当受限，而且他们更容易受外界各种因素的影响，因此，他们的阅读力量往往比别人要弱。

（三）教育具有较强的盲目性

尽管会计专业的教学面临着许多困难，但其最根本的原因之一便是缺乏清晰的发展方向，即缺乏针对不同职业的培养规划。由于缺乏统筹规划，从而影响了毕业生的职业发展，也削弱了他们的市场竞争力，最终导致他们在毕业之后不能很快融入当今的职场环境。

三、工学结合模式下会计专业教学改革的措施

（一）强化实践教学

会计学教学的重点放在提高学生的综合应用素养上，因此，我们必须采取一种更具体、更具可行性的方法来培养他们的财务管理技巧，并且让他们更好地掌握相关的财务管理技术。只有采用一种更具可行性的、更具体的、更具可持续性的教学方法，才能够真正帮助他们掌握财务管理的基本原则，从而更好地发挥他们的潜能。为了更好地提升会计专业的教育质量，我们应该努力提高课堂上的实践能力，让学员更好地理解并运用所学的技能。通过这种方式，我们可以更好地培养他们的创新精神，并帮助他们更好地理解并应用所学的技能。因此，采用工学结合的方法，不但可以让学员掌握基础知识，而且还可以通过增强实际操作技巧来提高其动手能力，从而帮助他们更好地满足当今社会的发展需求。

（二）开展学习竞赛

因为学生的主观能力有限，他们可能缺乏集思广益的精神，因此，老师们需要采取措施，比如组织各种形式的会计比赛，调动他们的参与兴趣，激励他们的学习。此外，老师还可以定期检测他们的学习成绩，并给予优秀的成绩者鼓励，但也要给予他们必要的处理，比如给他们更多的指导，帮助他们更加深

入地理解课本内容，进而引发他们的兴趣，培养他们的思考技能。由于科技的发展，当前的会计领域的重心已经从传统的数字化转移到电子化，因此，老师们应该采取有效的措施，让学生们更好地理解当前的会计行情，进而构建一套完善的课程体系，同时还要定期组织相关的考核活动，来鼓励他们更加努力地去探索知识。

（三）转变教学方法

在会计专业的课堂上，我们必须让学生们在理解基础的同时，也能够运用他们的技术来解决实际的问题。这样，我们的课程才能真正有趣、有意义，让每个人都有机会去探索、思考、创新。因此，我们必须改进我们的课程，让它既有趣又有深度，让每个人都有机会去探索、思考、创新。为了激励和促使学生更好地掌握知识，我们应该让他们参与课堂活动，让他们有机会去探索和尝试新的知识，同时也要让老师给予他们充分的指导和帮助。

（四）建设实践场所

要想使实践活动取得成功，就需要充足的空间和条件。因此，学校应当积极筹措财政，增强基础设施的建设，并且在教育、教研、培训等领域都要做出努力，确保学生在真正的实战中获得知识和技能，并且通过与专业机构的协商，将这些知识和技术传授给学生，使他们在真正的社会中得到充分的发挥。

通过实践活动，学生不仅可以巩固知识，还能提高自己的能力，从而更好地适应社会的发展。

为了让会计专业的学生能够更好地适应未来的社会需求，我们必须加强对实践的重视，并且不断举办各种学习竞赛。同时，我们还要积极推进学校建设实践场所，以便将工学结合模式与会计专业教学有机结合起来，以提升教学质量，让学生能够更好地应对未来的市场竞争。

第八节　现代学徒制与高校会计专业教学改革

现代学徒制是一种全新的教学模式，它旨在帮助高校更好地培养学生，并为他们提供更多的就业机会。我们需要加强对现代学徒制的研究，并制定有效的改革措施，以促进其在高校会计专业的长期发展。通过现代学徒制，我们可以更好地培养出具有高素质和高技能的会计人才。

当前，由于经济环境的变化，会计学应用领域的求职难度增加，而且由于缺乏有效的招募途径，许多财务人员无法胜任当前的求职工作压力。这就给企业带来了巨大挑战，他们迫切地寻找一个符合企业特色的、具备良好的技术和经验的财务人员。因此，高校必须积极地顺应时代的变化，加强会计学教学，努力满足当今经济环境下的人才就业需要，并将其视为企业人才培养的重点。现代学徒制成为一种全面的劳动力资源管理体系，旨在提升学员的岗位竞争力，使他们更好地融入到企业的管理之中，从而更快地完成毕业后的工作任务，并获得更好的薪资工资。因此，研究现代学徒制的运行机制，以及它如何更好地满足当今社会的发展要求，将为国家的建设和社会的兴旺做出重要贡献。

一、现代学徒制的内涵及其特点

传统的学徒制度以师傅传授技能、徒弟学习技术为主要形式，师傅亲自指导徒弟掌握特定的工作岗位技能和行业知识，而徒弟则根据自身的表现获取相应的报酬。

现代学徒制旨在通过与企业、学校的合作，以及实施更加灵活的课程体系，提高学员的知识、实际专业技能，以及综合的职业素质、创新思维，从而满足当今社会对于优秀劳动者的需求，构建一种全新的现代化学徒制度。

现代学徒制旨在通过提供一种全新的学习模式，让学习者可以更好地掌握专业的理论、实践、创新，发挥自身的潜质，从而获得更高的就业竞争优势。它的内涵包括：学习者可以通过实践活动，掌握最新的科学技术，提升自身的创新思维，满足社会对高端产品的需求，并且可以更好地服务社会，从而获得更高的经济效益。通过研究、改进、创新，我们正在努力打造一个现代化的学习环境，以提供更多的专业知识，并培育出具有较强的技术水平的人才。

现代学徒制的特点主要有以下几个方面：

通过采用现代学徒制，学员可以以一种更加逼近实际工作环境的教学方法，让他们体验到学校学校所学到的知识，并且可以通过老师亲自授课、学员自主学习、互动式沟通等方式，激励学员学习积极性，提升他们对岗位需求的理解，从而提高他们的就业竞争力。

现代学徒制的核心理念就是：以学员的学习和就业需求为导向，学校和企业之间建立良好的沟通渠道，以确保学徒制的有效性和可持续性。学校和企业需要结合学徒制的特点，制定出符合学员需求的学徒制，并且积极推进学徒制的深入推广，以提高学员的专业水准，增强他们的就业竞争力，提升他们的就业竞争力。

现代学徒制的培训内容身份多种多样，无论是公司的学徒、见习学生还是学校的学生，甚至是在职员工，都可以成为学徒，但学徒们都应该充分发挥自己的教学兴趣和能动性，努力提高自己的整体素质，为社会发展作出奉献。

现代学徒制旨在让学生不仅在学校学习，而且还要到企业实习，以获得全面的知识。学徒们将学习人文素养、专业基础知识以及专业理论，并且要掌握企业所需的实践性技能，以此来提高学徒们的关键能力。

二、现代学徒制在高校教育应用中存在的问题

（一）现代学徒制相关政策较为滞后

现代学徒制作为一种全新的、具有挑战性的人力资源开发模式，在当前的社会背景下，必须争取得到各界的支持，以及有效的管理，以确保其顺利运转。然而，目前学徒制的执行仍存在诸多问题，比如缺乏有效的监管机制、落地的监管措施、缺乏有效的激励机制、缺乏有效的激励措施，这些都限制了现代学徒制的有效运用。

（二）主体责任不明确

现代学徒制作为学习与实践的桥梁，旨在促进学习与实践的融合，以及企业发展与学习之间的互动，进而提高学习者的专业技能，提高中小企业的市场竞争力。然而，目前的学徒制仍存在着诸多问题，如缺乏完善的法规、制度、管理机制等，使得中小企业无力承担学徒制的社会责任，学徒制的实施也难以获得实质性的收入，进而干扰中小企业的健康经营。

（三）管理模式未及时更新

近年来，学校人才培养已经从传统的学校为主的模式转变为现代学徒制，这种新的模式不仅改变了培养主体、培养空间、培养时间和教学内容，而且也改变了高校的管理模式，使得现代学徒制的发展受到了更多的关注和支持。

（四）保障体系不完善

随着现代学徒制的推行，虽然财政部门已经对其进行了大量的投入，但大多数仍然只是通过项目资金的形式来提供帮扶。由于缺乏有效的管控机制，许多企业仅仅提供了一个简单的实践环境，而没有提供专门的指导老师来提供全面的学习服务，从而让学员们无法充分利用现代学徒制的优势，学校也缺乏参与到课程设置、培训计划和教学资料的制定中去的热情。

（五）培养内容局限性

现代学徒制的出现，使得企业在制定人才培养方案时，不再仅仅局限于本企业的用人标准，而是更加注重学生的个人发展，从而使学生的人文素质、职业道德得到提升，同时也更加注重学生的关键能力培养，并且更加注重学生的职业迁移性，从而有效地促进学生的长远发展。

三、现代学徒制在高校会计专业教学改革中应用

会计专业的学习需要学生具备较高的技能水平，因此，为了更好地推动现代学徒制在高校会计专业的实施，我们必须对这种教学模式进行改革。

（一）力争政策层面上的支持

2014年，国家教育部印发《有关推进现代学徒制试验管理工作的若干意见》，以此作为推动现代学徒制的有力依托，强调制定有效的政策和法规，以及制定具体的操作流程，以此来加强对现代学徒制的管理，并且清晰地界定政府、学校、企业和行业的职能，以此来促进现代学徒制的有效推广。为了保证现代学徒制的成功实施，各界都需要投入足够的资源，包括但不限于：政府拨款、学院投入基础设施、企业投入人才培训，来保证其可行性和可操作性。

（二）创新培养方式

现代学徒制在人才培养过程中，对学徒培养采取“双元”培养方式，在教学场地上分为学校和企业，在师资上分为教师和师傅，学习方式是采取交替学习，打破传统教学模式的在校学习二年后在企业实习，而是每周进行交替学习，每周在学校学习1~2天，在企业学习3~4天。根据人才培养方案、课程特点、相关要求，采取不同培养方式。①专业知识主要是以学校教师进系统教学为主，普通基础课按照教育部门有关规定进行，知识量按照“必须”原则实施，专业基础课和专业理论课按照“够用”原则实施，同时满足学生岗位发展需求；②技能方面课程采取在企业教师和师傅共同进行实践教学为主，要求教师和师傅要充分对接，在企业中学、做一体化实施；③职业素养方面课程可以分为人文素养课程、职业道德类课程，分类实施教学，人文素养方面知识可以在学校结合校园文化建设常规教学和自学中获得，专业道德可以在企业结合企业文化、敬业精神、企业综合实力提升等方面进行教学。

（三）探寻校企双赢结合点

现代学徒制旨在通过企业和学校的共同努力，实现双赢的局面。传统的学徒制只能让学员在企业实践，但缺乏实践技能，无法满足企业的需求，从而限制了企业的发展。现代学徒制则通过企业和学校的共同努力，实现了企业和学员的共同受益，从而提升了企业的整体竞争力。通过与企业合作，学校不仅具有优质的教学，还有丰厚的经验，并且不断改革，不断创新，不断发展，从而满足社会对高素质专业化劳动者的需求。学校不仅要求学生掌握专业的知识，还要求学生掌握现代学徒制的基本操作流程，满足社会对高素质劳动者的需求。

（四）创新管理模式

现代学徒制实施使教育对象身份发生变化，由原来学生单一身份转变为双重身份学生和学徒两种身份，这种身份变化不仅使学习内容发生变化，学习模式和学习场地也发生了变化，由单一课堂教育转变为课堂教育和深入企业提升学生的专业技能和专业能力。因此，学校和企业应创新管理模式适应新变化。第一，加强教学常规管理，特别是学生在企业中进行学习时，学校应对学生加强考勤管理，不能出现真空时段；第二，校企双方共同制订人才培养方案以及共同参与课程体系设置、教学过程实施、教材开发编写等；第三，建立现代学徒制评价体系，评价体系建立应引入行业评价，根据人才培养需求，制定对教师、师傅、学生学徒精细化评价标准，采取第三方评价方式客观评价该模式。

参考文献

[1][美]罗伯特·保罗·沃尔夫.大数据时代下的企业财务风险管理研究[M].北京：北京工业大学出版社，2020.

[2]董艳丽.新时代背景下的财务管理研究[M].长春：吉林人民出版社，2019.

[3]高云进，董牧，施欣美.大数据时代下财务管理研究[M].长春：吉林人民出版社，2021.

[4]胡娜.现代企业财务管理与金融创新研究[M].长春：吉林人民出版社，2020.

[5]金宏莉，曾红.高校学术研究论著丛刊 人文社科 大数据时代企业财务管理路径探究[M].北京：中国书籍出版社，2021.

[6]景静.财务会计与企业管理研究[M].北京：北京工业大学出版社，2021.

[7]寇改红，于新茹.现代企业财务管理与创新发展研究[M].长春：吉林人民出版社，2022.

[8]李艳华.大数据信息时代企业财务风险管理与内部控制研究[M].长春：吉林人民出版社，2019.

[9]刘春姣.互联网时代的企业财务会计实践发展研究[M].成都：电子科技大学出版社，2019.

[10]刘赛，刘小海.智能时代财务管理转型研究[M].长春：吉林人民出版社，2020.

[11] 刘中华 . 基础会计教学实践 [M]. 成都：电子科技大学出版社，2015.

[12] 罗健，刘小海 . 会计教学改革新路径探索 [M]. 沈阳：沈阳出版社，2020.

[13] 罗平实 . 高校会计专业实践教学研究 [M]. 重庆：重庆大学出版社，2013.

[14] 饶明晓 . 会计专业教育教学改革研究 [M]. 西安：西北工业大学出版社，2020.

[15] 邵瑞庆 . 会计教育改革与发展 [M]. 上海：立信会计出版社，2008.

[16] 申仁柏 . 互联网 + 对现代会计教学改革的影响研究 [M]. 长春：吉林大学出版社，2019.

[17] 汤湘希 . 会计教育改革研究 [M]. 武汉：湖北科学技术出版社，2002.

[18] 王海燕，王亚楠 . 会计信息化教学研究 [M]. 长春：吉林大学出版社，2020.

[19] 王化成，支晓强 . 会计专业学位研究生教育综合改革的探索与实践 [M]. 北京：中国财政经济出版社，2019.

[20] 王建刚，胡文龙，王琴 . 高等会计教育研究 [M]. 长春：吉林大学出版社，2006.

[21] 王凯 . 中国大学会计教学方法研究 [M]. 北京：光明日报出版社，2007.

[22] 危英 . 互联网时代会计教学改革的创新策略研究 [M]. 成都：电子科技大学出版社，2017.

[23] 吴朋涛，王子烨，王周 . 会计教育与财务管理 [M]. 长春：吉林人民出版社，2019.

[24] 徐国君，王竹泉 . 中国会计研究与教育 [M]. 北京：中国海洋大学出版社，2006.

[25] 袁敏，刘海燕 . “十三五”普通高等教育会计专业精品系列教材 中级财务会计 [M]. 苏州：苏州大学出版社，2019.